ここから日本語をスタート

新起点日语

第三册

一课一练

主编 ❀ 朱桂荣

编者 / 赵香玉

外语教学与研究出版社
北京

图书在版编目 (CIP) 数据

新起点日语第三册一课一练 / 朱桂荣主编；赵香玉编. —— 北京：外语教学与研究出版社，2024.3
ISBN 978-7-5213-5108-8

I. ①新… II. ①朱… ②赵… III. ①日语－教学参考资料 IV. ①H36

中国国家版本馆 CIP 数据核字 (2024) 第 057837 号

出 版 人　王　芳
责任编辑　何玲玲
责任校对　任红磊
封面设计　彩奇风
出版发行　外语教学与研究出版社
社　　址　北京市西三环北路 19 号（100089）
网　　址　https://www.fltrp.com
印　　刷　三河市紫恒印装有限公司
开　　本　889×1194　1/16
印　　张　10.5
版　　次　2024 年 3 月第 1 版　2024 年 3 月第 1 次印刷
书　　号　ISBN 978-7-5213-5108-8
定　　价　45.00 元

如有图书采购需求，图书内容或印刷装订等问题，侵权、盗版书籍等线索，请拨打以下电话或关注官方服务号：
客服电话：400 898 7008
官方服务号：微信搜索并关注公众号"外研社官方服务号"
外研社购书网址：https://fltrp.tmall.com

物料号：351080001

使用说明

作为《新起点日语》系列教材的配套练习册，《新起点日语同步练习册》系列已经出版，但是广大日语师生希望进一步扩充教材配套习题的呼声不断。基于此，我们又编写了《新起点日语一课一练》系列教辅材料。希望通过本系列练习册，帮助中等日语学习者在日常的语言学习中提高学习兴趣、提升学习效果，打下良好、坚实的基础。

本系列练习册依据《普通高中日语课程标准（2017 年版 2020 年修订）》《义务教育日语课程标准（2022 年版）》编写而成。我们深知高中零起点日语学习者学习时间紧、任务重，需要在有限的学习时间内高效地完成日语学习任务、发展多方面的能力、提升素养水平。因此，我们要遵循语言学习规律，为他们提供科学而有效的配套练习。

毋庸置疑，学习者语言能力的获得离不开对语言知识的反复运用。而语言知识也需要学习者在理解的基础上不断运用才能逐渐内化于心。本系列练习册是将课堂学习与课后自主学习紧密连接起来的桥梁。学生可以在每个课时的学习任务结束后，及时通过《新起点日语一课一练》巩固所学知识，而后再使用《新起点日语同步练习册》检测学习成果。

《新起点日语第三册一课一练》以《新起点日语第三册》为纲，包括 16 套练习题和 2 套单元测试题。编者在题型的编写方面做了积极尝试，且在每课练习题之前梳理了本课的重点词语和语法项目。每课均设两组练习题，其中ステップ 1、ステップ 2 为一组，ステップ 3、ステップ 4 为另一组。在各组练习题中，分别设计了听力、词汇、语法、语言表达等多种不同题型。旨在通过听、说、读、写等方面的强化训练，帮助学生巩固所学知识，提升日语综合运用能力。

本练习册在内容方面具有以下特点：

1. 从听力练习开始，由词到句再到段落、篇章，循序渐进，难度逐步提升。
2. 重视单词和词组的识记，加强外来语、副词、连词等专项训练。
3. 重视语法的活学活用，通过选择、语句排序、改错等多种题型，在情境中强化语言知识的应用。
4. 重视交际能力的培养，在练习中创设真实的交际情境。
5. 加强课文的背诵与默写，巩固基础知识。

本练习册的内容紧贴教材，注重开展基础性的语言实践活动；在呈现方式上，注重在具体情境中考查语言知识的运用；在语篇选取上，注重导入文化知识；在难度编排上，注重循序渐进，由浅入深、由易到难。

本书的音频可登录 http://mlp.fltrp.com 免费下载。

　　《新起点日语第三册一课一练》的日语校对得到了天津外国语大学附属外国语学校日籍教师须贝翔吾老师的大力协助，在此致以诚挚的谢意。囿于我们的学识和经验，本练习册尚存在不足之处，恳请各位日语界的专家、广大一线教师和日语学习者提出批评和建议。我们将不断改进，为广大日语师生提供更好的支持和服务。

《新起点日语一课一练》编写组

2023 年 9 月

目录

第1課　効果的な勉強法

语言知识要点

1. 重点词语

名词	ストレス、家事、派手、貧乏、やる気、コマーシャル、勢い、集中力、程度、記憶、ほうき、経費、困難、予算、少年、心臓、ニーズ、興味、差、原料、法律、お互い、コツ
动词 V₁	望む、溜まる、増やす、湧く、掃く、伸ばす、太る、削る、考え直す、生む、解く、見直す
动词 V₂	信じる、はめる、恵まれる、尋ねる
动词 V₃	関心する、解消する、表現する、我慢する、ジョギングする、受験する、支出する、感覚する
形容词 A₁	細かい、緩い
形容词 A₂	派手、貧乏、困難、新た、シンプル、お互い、真剣
副词	結局、なるべく、やがて、非常に

2. 语法项目

序号	语法项目	含义	例句
1	V方（复合名词）	做某事的方法。	この漢字の読み方が分かりますか。
2	N的（复合形容词）	①接在抽象含义的名词后面，表示处于该状态。②接在个别名词后面，表示具有与该事物相似的某种性质。	・感情的にならないでください。 ・劇的な変化が起こりました。
3	V合う（复合动词）	意为"互相……"。	みんな助け合って、頑張りましょう。
4	Vせる／させる	使役主体N1要求（指示、命令）或允许N2做某事。	・休みの日に子供に家事をやらせる。 ・母は娘に派手な服を買わせなかった。
5	Vやすい／Vにくい	「Vやすい」意为"容易做……""易于做……"。「Vにくい」"做……很难""难于……"。	・小さな目標は達成しやすいです。 ・この薬はとても飲みにくいです。

（续表）

序号	语法项目	含义	例句
6	～ため	表示原因和理由，意为"由于……"。	小さな目標がない<u>ため</u>、大きい目標も達成できないことがよくあります。
7	V出す	①开始做某个动作或开始出现某状态。②动作的方向是从内向外。	・笑い<u>出す</u>となかなか止まらない。 ・彼は手袋をはめ、その箱を取り<u>出した</u>。
8	Nに対して／Nに対する	意为"对于……""对……""向……"。	・人間はよく接するもの<u>に対して</u>親近感を持ちやすいからです。 ・毎日ある商品のコマーシャルを見たら、その商品<u>に対する</u>親近感が湧きますね。
9	～ほう	通过对比突出其中一方。	予習より復習の<u>ほう</u>が「分かった」と実感できる。
10	Nによって	表示做某事的方式或手段，意为"通过……""凭借……"。	人間は寝ること<u>によって</u>、頭と体の疲れが取れます。

ステップ1とステップ2

🎧 **一、听录音，根据录音内容补全句子。每段录音播放2遍。**

1. 王さん、この漢字の_____を教えてください。

2. 田中さんにとって、_____家庭はどんな家庭ですか。

3. 親と子供は_____ことが大事です。

4. 佐藤さん、土曜日_____大丈夫なら、久しぶりに映画でもどうでしょうか。

5. 運動会の時、みんなで_____、いい成績を取った。

6. 妹はいつも_____を着ています。

7. 小さい時、母はよく私に_____をさせました。

🎧 **二、听录音，在与录音内容相符的句子前画○，不符的画×。录音播放2遍。**

（　　）1. 女の人は男の人に壊れた椅子を直すように頼んだ。

（　　）2. 女の人は男の人にコーヒーを入れさせようとした。

（　　）3. 女の人は男の人にビールを買いに行かせなかった。

（　　）4. 男の人は女の人に葉書を出させようとした。

🎧 **三、听录音，仿照示例，根据录音内容进行判断。录音播放2遍。**

小野さんは環境に優しい生活についてのインタビューを受けています。

		いつもする	あまりしない	全然しない
例	スーパーに自分の袋を持って行く。	○		
1	スーパーでビニール袋（塑料袋）をもらう。			
2	自転車に乗る。			
3	車を使う。			
4	古い紙をリサイクルに出す。			
5	古い新聞や雑誌をそのまま捨てる。			
6	瓶や缶をリサイクルに出す。			
7	着ない服を安く売る。			

四、用平假名写出下列日语单词的读音。

1. 関心_____　　2. 解消_____　　3. 表現_____　　4. 我慢_____

5. 家事_____　　6. 派手_____　　7. 貧乏_____　　8. 望む_____

五、将下列中文翻译成日语。

1. 感到有压力_____　　2. 给小孩提建议_____

3. 有了好结果_____　　4. 教法很好_____

5. 喂小孩吃药_____　　6. 家人互相支持_____

7. 发生变化_____　　8. 大家互相帮助_____

9. 取得第一名_____　　10. 相信孩子_____

六、写出下列动词的正确形式，完成表格。

动词的基本形	动词的使役态
飲む	
寝る	
来る	
する	
旅行する	
勉強する	
聞く	
切る	
走る	
信じる	

七、仿照示例，使用方框中的动词和「V方（复合名词）」的表达方式，补全句子。（每个单词只用 1次）

乗る 作る 調べる 使う 見る 教える 着る する

1. 図書館の係員は新入生たちに本や資料の_____を教えました。

2. 王先生は数学の_____がとてもおもしろいです。

3. 日本に来たばかりのころは、電車の_____が分からなくて困っていました。

4. これは新しく買ったカメラです。まだその_____がよく分かりません。

5. 日本では野菜などの買い物の_____が中国と違います。

6. 先日、お菓子の工場でお菓子の_____を見学しました。

7. 人の立場によって、物事に対する_____が違います。

8. 着物の_____はとても複雑で、日本人でも分からない人が多いです。

八、根据句意，从方框中选择合适的单词并改为适当的形式，补全句子。（每个单词只用1次）

理想的 代表的 感情的 計画的 歴史的 伝統的

1. 『吾輩は猫である』は夏目漱石の_____作品の一つだと言ってもいいでしょう。

2. 大事なことを決める前は_____ならないで、冷静に考えたほうがいいでしょう。

3. 渡辺さんが合格した大学は言語を学ぶのに_____環境です。

4. 相撲は古い時代から伝わってきた日本の_____スポーツです。

5. この写真は中日両国にとって_____瞬間を撮ったものです。

6. これは偶然起こった事件ではなく、最初から_____行ったことでしょう。

九、根据句意，使用方框中的动词并改为「V合う（复合动词）」的形式，补全句子。（每个单词只用1次）

知る 抱く 助ける 話す 喜ぶ 理解する

1. 困った時は、みんなで_____ながら頑張りましょう。

2. サッカーの試合で優勝したので、クラスメートたちは_____て喜びました。

3. 私は張さんと10年前に飛行機の中で_____たのです。

4. 人といい関係を作るにはまず、お互いに_____ことが大事です。

5. 大学入学試験の合格発表を聞いた時、家族と_____ました。

6. コロナウイルスが広がっているので、その対策を_____います。

十、铃木是某公司社长，为准备下午的重要会议，他给职员们布置了相关工作。仿照示例，使用动词的使役态描述铃木社长的指令。

例　鈴木社長→張　「資料のコピーを取って」
　　→鈴木社長は張さんに資料のコピーを取らせました。

1. 鈴木社長→王　「会議室の掃除をして」

　　_____

2. 鈴木社長→李　「お客様に電話をして」

　　_____

3. 鈴木社長→高橋　「会議用の資料を用意して」

　　_____

4. 鈴木社長→山田　「銀行へ行って」

　　_____

5. 鈴木社長→劉　「お昼のお弁当を注文して」

　　_____

十一、使用动词使役态补全下列对话。

1. 佐藤：高橋さん、この商品のパンフレット（小冊子）、すてきですね。高橋さんが作ったんですか。
　　高橋：いいえ、今回は部下に_____。若い人にもチャンスをあげようと思って任せ（托付）たら、こんなにいいものになったんです。
　　佐藤：そうだったんですか。

2. 田中：最近の子供たちは、学校から帰ってきても、習い事で忙しそうだね。私は子供は遊ぶ時間も必要だと思うけど。
　　鈴木：それはそうだね。でも、子供が自分から何か習いたいと言ったら、_____あげたいなあ。
　　田中：そうだね。自分でしたいと言ったことはきっと頑張るだろうからね。

3. 先生 A：これ、私の学生たちの作文なんですが、読んでみてください。自分の将来について_____んですが。
　　先生 B：じゃ、読んでみましょう。……いい作文ですね。こんなにいい作文なんだから、授業で一人ずつみんなの前で_____たら、どうでしょうか。

4. 医者：風邪ですね。今日は薬を出しますから、ご飯の後で、お子さんに_____ください。それから、今日は早く_____くださいね。遅くまで起きていたら、治りませんから。
　　母親：はい、分かりました。ありがとうございました。

医者：お大事に。

5. 久美子：これ、娘が作ったカレーライスなんですよ。

美知子：へえ～、娘さん、料理をするんですか。

久美子：ええ、一人でも困らないように、小さい時から、うちでときどき＿＿＿＿＿＿＿＿＿＿＿＿＿＿＿

いるんです。

十二、将下列中文翻译成日语。

　　孩子的教育对父母来说是很重要的课题。人们经常说当今社会是学历社会，所以为了让孩子上更好的学校，很多父母从小就让孩子学习英语等很多科目，或者上补习班。除此之外，还让孩子学习钢琴等乐器，因此，孩子几乎没有玩耍的时间。但是，我认为让孩子和小朋友们快乐地玩耍或让他们去做自己喜欢的事情是很有必要的。

（参考：课题 / 課題；学历社会 / 学歴社会）

＿＿

＿＿

＿＿

＿＿

＿＿

ステップ3とステップ4

一、听录音，根据录音内容补全句子。每段录音播放2遍。

1. 最近、仕事が＿＿＿＿＿＿＿＿＿＿＿いて、毎日遅くまで働いています。

2. 張先生はときどき＿＿＿＿＿＿＿＿＿＿＿質問を出します。

3. 連絡が＿＿＿＿＿＿＿＿＿ため、相手に謝りました。

4. 消費者の影響で、＿＿＿＿＿＿＿＿＿＿＿＿＿が生み出されました。

5. 田中さんは＿＿＿＿＿＿＿＿＿＿＿に対する興味がとても強いです。

6. 私のふるさとは＿＿＿＿＿＿＿＿＿＿＿＿＿ところだと思います。

7. ＿＿＿＿＿＿＿＿＿＿＿＿＿ことによって、友情を深めます。

二、听录音，根据录音内容，将下列机器人按出现的顺序排序。录音播放2遍。

（　　）→（　　）→（　　）→（　　）

A 人と生活するロボット　　　　　　　　　　B 考えるロボット

C 歩くロボット　　　　　　　　　　　　　　D 人が入れない場所で働くロボット

三、听录音，根据下列提示写出相关内容。录音播放 3 遍。

女の人が決めたこと：

1. これからもっと_____ことにした。

2. 今晩から毎日_____ことにした。

3. 週末に_____ことにした。

4. 明日、先生に_____ことにした。

5. 必要以上に_____ことにした。

四、用平假名写出下列日语单词的读音。

1. 受験_____　　2. 湧く_____　　3. 勢い_____　　4. 程度_____

5. 記憶_____　　6. 経費_____　　7. 支出_____　　8. 困難_____

9. 予算_____　　10. 削る_____　　11. 結局_____　　12. 少年_____

13. 新た_____　　14. 緩い_____　　15. 原料_____　　16. 法律_____

17. 真剣_____　　18. お互い_____　　19. 興味_____　　20. 見直す_____

五、将下列中文翻译成日语。

1. 有干劲_____　　2. 增加次数_____

3. 看电视广告_____　　4. 过一个小时_____

5. 整理学习内容_____　　6. 消除了疲劳_____

7. 生活不轻松_____　　8. 接受心脏手术_____

9. 戴手套_____　　10. 从书包中取出书_____

11. 兴趣浓厚_____　　12. 对学生严厉_____

13. 坡道较缓_____　　14. 简约的设计_____

15. 在农村生活_____　　16. 有窍门_____

17. 受益匪浅_____　　18. 有效利用时间_____

19. 解数学题_____　　20. 认真考虑_____

六、假设你在医院看病，仿照示例，使用「Vやすい/Vにくい」的表达方式与医生对话。

例　医者：疲れやすいですか。

　　あなた：【〇】→はい、疲れやすいです。

　　　　　　【×】→いいえ、あまり疲れないです。

1. 朝、起きにくいですか。

　　【〇】_____

　　【×】_____

2. 夜中に目が覚めやすいですか。

　　【○】＿＿＿＿＿＿＿＿＿＿＿＿＿＿＿＿＿＿＿＿＿＿＿＿＿＿＿＿

　　【×】＿＿＿＿＿＿＿＿＿＿＿＿＿＿＿＿＿＿＿＿＿＿＿＿＿＿＿＿

3. 風邪を引きやすいですか。

　　【○】＿＿＿＿＿＿＿＿＿＿＿＿＿＿＿＿＿＿＿＿＿＿＿＿＿＿＿＿

　　【×】＿＿＿＿＿＿＿＿＿＿＿＿＿＿＿＿＿＿＿＿＿＿＿＿＿＿＿＿

4. 泣きやすいですか。

　　【○】＿＿＿＿＿＿＿＿＿＿＿＿＿＿＿＿＿＿＿＿＿＿＿＿＿＿＿＿

　　【×】＿＿＿＿＿＿＿＿＿＿＿＿＿＿＿＿＿＿＿＿＿＿＿＿＿＿＿＿

七、下文是渡边去某公司面试回来后写的日记，根据日记内容，使用「Vやすい/Vにくい」的表达方式，在表格中总结该公司的优缺点。

2月15日（木）　曇り

　　今日アルバイトの面接に行った。会社の場所が分かりにくくて、迷ってしまった。結局、面接の時間にちょっと遅れてしまった。でも、面接官がとても優しくて話しやすい人だったから、とても安心した。

　　仕事内容も簡単で、覚えやすそうだ。面接の後で、会社のコンピューターを使わせてくれたが、古くてとても使いにくかった。帰る時、オフィス（办公室）のドアを閉めようとしたけど、なかなかうまくいかなかった。ドアも閉まりにくいので、この事務所自体が結構古いと思った。

　　でも、会社の人たちはみんなよさそうな人なので、働きやすい場所だと思った。だから、一応来週から正式に仕事を始めると約束した。

いい点	よくない点

八、在横线上写出合适的内容补全句子。（答案不唯一，符合题意即可）

1. 今日は台風のため（に）、＿＿＿＿＿＿＿＿＿＿＿＿＿＿＿。

2. 去年の夏は気温が低かったため（に）、＿＿＿＿＿＿＿＿＿＿＿＿＿＿＿＿＿。

3. 父は過労のため（に）、＿＿＿＿＿＿＿＿＿＿＿＿＿＿。

4. 昨日の試験はよく復習しなかったため（に）、＿＿＿＿＿＿＿＿＿＿＿＿＿。

5. この仕事は危ないため（に）、＿＿＿＿＿＿＿＿＿＿＿＿＿＿。

九、将1至6句子中的「ため（に）」的用法按照要求分类并完成表格。

1. 昨日の夜、目覚まし時計を設定するのを忘れてしまったために、授業に遅れてしまった。

2. いい環境を作るために、私たちにできることは何でしょうか。

3. ゴミを少なくする<u>ために</u>、できるだけ使い捨てのものを使わないようにしている。

4. 今、車やエアコンを使う人が多くなった<u>ために</u>、20 年前と比べて地球の気温が高くなったと言われています。

5. 「もったいない」という精神を世界中に広める<u>ために</u>、日本では「MOTTAINAI　Ｔシャツ」が作られたそうだ。

6. インターネットで「MOTTAINAI　Ｔシャツ」というＴシャツを探してみたが、売り切れだった<u>ため</u><u>に</u>、買えなかった。

目的を表す「ため（に）」の番号	原因を表す「ため（に）」の番号

十、从方框中选择合适的表达方式，补全下列句子。（每个表达方式只用1次）

に比べて　　について　　によって　　に沿って　　にとって　として　　に対して

1. 山田先生はいつも厳しい顔をしていますが、実は学生＿＿＿＿＿とても親切です。

2. 事故の原因＿＿＿＿＿は、今調査中です。

3. 試験に失敗した私＿＿＿＿＿、友達の励ましは何よりもありがたいものだった。

4. 野菜や果物の値段は季節＿＿＿＿＿、違います。

5. 人生は苦しいこと＿＿＿＿＿、楽しいことのほうが多いでしょう。

6. 私は趣味＿＿＿＿＿バイオリンを習っています。

7. 天気がいい日には、よく母と川＿＿＿＿＿歩きます。

十一、找出下列句子中有误的部分，画线并改正。

1. 子供についての親の愛は海よりも深い。

＿＿＿＿＿＿＿＿＿＿＿＿＿＿＿＿＿＿＿＿＿＿

2. 夏の服のデザインは派手ほうがいいと思います。

＿＿＿＿＿＿＿＿＿＿＿＿＿＿＿＿＿＿＿＿＿＿

3. 毎日記録することに対して、客の数の変化が分かりました。

＿＿＿＿＿＿＿＿＿＿＿＿＿＿＿＿＿＿＿＿＿＿

4. 計画の変更が困難のため、雨が降っても行わなければならない。

＿＿＿＿＿＿＿＿＿＿＿＿＿＿＿＿＿＿＿＿＿＿

5. この車はとても運転やすいです。

＿＿＿＿＿＿＿＿＿＿＿＿＿＿＿＿＿＿＿＿＿＿

6. 小さい時、親は毎日私に走らせました。

＿＿＿＿＿＿＿＿＿＿＿＿＿＿＿＿＿＿＿＿＿＿

十二、默写课文。

（一）

「勉強がおもしろい」と感じる秘訣は、①_____ことです。例えば、1回2時間勉強するなら、20分の勉強を6回します。なぜなら、②_____に対して親近感を持ちやすいからです。③_____ください。毎日ある商品のコマーシャルを見たら、④_____親近感が湧きますね。

　また、⑤_____ことです。なぜなら、⑥_____のほうが「分かった」と実感できるからです。そして、⑦_____からやることです。気分が乗ってきたら、その勢いで苦手な科目に挑戦してください。

（二）

　眠りが浅くなると、体に疲れが残り、記憶の整理が不十分になります。そのため、寝る4時間前からは⑧_____ないでください。寝る前の⑨_____よくないです。寝る2時間前には⑩_____ください。人間は⑪_____によって、頭と体の疲れが取れます。最低でも⑫_____が必要です。寝不足のまま勉強するのはよくないので、注意しましょう。

（三）

西田雪奈：先輩、最近はよく時間が足りないことに悩んでいます。⑬_____何かアドバイスをいただけますか。

村上悦子：そうですね。まず、普段⑭_____、また、⑮_____かを真剣に考えてください。そうすれば、やがて今やっていることが自分の目標達成にとって有益かどうかが分かってくると思います。

西田雪奈：はい。

村上悦子：「大学に入りたい」と思っているのに、そのためにあまり時間を使っていない人もいると思います。⑯_____時間が多ければ、ゲームは上達しますが、勉強はできるようになりませんよ。

西田雪奈：そうですね。自己管理はとても大事ですね。

第2課　すいかに塩、トマトに砂糖

語言知識要点

1. 重点词语

名词	異文化、醤油、火事、用事、修学旅行、スーツ、模様、正直、武術、国際、コスト、プラスチック、チャンス、恩師、ホームステイ、事情、枝、芽、辺り、影、煙、種、郊外、距離、問い
动词	**V₁** 試す、迷う、表す、沸かす、好む、おっしゃる、減らす、つかむ、振る、励ます、果たす、凍る、乾く、燃やす、保つ
	V₂ 乗り越える、見かける、破れる、浴びる、設ける、暮れる、話しかける
	V₃ 尊重する、訓練する、実習する、支度する、開発する、日帰りする、リラックスする、リサイクルする、応援する、紅葉する、接する
形容词	**A₁** 申し訳ない、酸っぱい
	A₂ 正直
副词	のんびり、ますます、あっさり、ついに
后缀	次第

2. 语法项目

序号	语法项目	含义	例句
1	V たばかり	意为"刚……"。	日本に来たばかりのアメリカ人留学生ジョーンズさんが日本人の友達を誘いました。
2	V か V ないか	意为"是……还是不……"。	私は彼が行くか行かないか分かりませんでした。
3	～とか（～とか）	表示举例，意为"……啦……啦""……或……"。	例えば、「はい、行きたいんですが、ちょっと重要な仕事があるのです」とか、「誘ってくれてありがとうございます。でも、もう約束があるので……」とか言って、断る意思を表すのです。

（续表）

序号	语法项目	含义	例句
4	Vば～のに／Aば～のに	前句表示一种虚拟假设，后句表示说话人对希望发生但却没有发生的事情的懊悔、惋惜之情，意为"如果……就好了"。	もっとはっきりと言えば、分かりやすいのに。
5	V（よ）うとする	表示努力去做、尝试去做。	どんな子だったか一生懸命に思い出そうとしました。
6	Vてくださる（敬语）	日语敬语表达方式中的尊他敬语。从受益者的角度叙述施益者为自己或自己一方的人做某事。一般情况下施益者的身份、地位、年龄等高于受益者，是一种礼貌、客气的表达方式。	先生がゆっくりと優しく説明してくださいました。
7	～おかげで	意为"多亏……""幸亏……""托……的福"。	そのおかげで、日本語が少しずつ身についてきました。
8	Vと（自然规律）	只要前项事件一发生，后项事件就自然地发生，常用于描述自然界的客观规律，意为"一……就……"。	あなたたちは元気ね。この年になると、雑巾がけはもう無理だわ。
9	疑問詞＋でも	全面肯定，无一例外，意为"不管……""不论……"。	この経験から、先生がそうおっしゃっても、何でも同意してはいけないことを学びました。

ステップ1とステップ2

🎧 **一、听录音，根据录音内容补全句子。每段录音播放2遍。**

1. サッカー部の学生たちが熱心に訓練している様子をよく＿＿＿＿＿＿＿ます。

2. 週末の＿＿＿＿＿＿＿に行くか行かないか迷っています。

3. ＿＿＿＿＿＿＿＿＿あなたの自由です。

4. ＿＿＿＿＿＿とか＿＿＿＿＿＿だとかは、田中さんのすばらしいところです。

5. アパートがもう少し＿＿＿＿＿＿＿、便利なのに。

6. 母が＿＿＿＿＿＿＿＿ばかりの時に、父が帰ってきた。

二、日本留学生铃木在电话留言中向祖父讲述他在中国的留学生活，听录音，判断下列内容是否与录音相符，相符的画○，不符的画×。录音播放2遍。

	中国に来たばかりのころ	今
1. 食堂のご飯をおいしく食べる。	（　　　）	（　　　）
2. 夜よく寝られる。	（　　　）	（　　　）
3. 中国語の専門用語がよくわかる。	（　　　）	（　　　）
4. 英語がうまく話せる。	（　　　）	（　　　）
5. 分からない問題について質問する。	（　　　）	（　　　）

三、阅读文章并推测空白处内容，再听录音，补全文章。录音播放3遍。

　　食事をする時、マナーなどいろいろ①＿＿＿＿＿＿＿＿＿＿なくてはいけないことがあります。テーブルの上の食器に②＿＿＿＿＿＿＿＿＿＿食べてはいけません。日本ではうどんやそばなどの麺類は③＿＿＿＿＿＿＿＿＿＿食べてもいいですが、その他は④＿＿＿＿＿＿＿＿＿＿食べたほうがいいです。また、⑤＿＿＿＿＿＿＿＿＿＿時は話してはいけません。⑥＿＿＿＿＿＿＿＿＿＿を全部食べてから、話したほうがいいです。ほかに、⑦＿＿＿＿＿＿＿＿＿＿でお箸とお茶碗を一緒に持ってはいけません。お箸でお皿を動かしたり、お箸からお箸へ⑧＿＿＿＿＿＿＿＿＿＿のもよくありません。

四、用平假名写出下列日语单词的读音。

1. 尊重＿＿＿＿＿	2. 試す＿＿＿＿＿	3. 訓練＿＿＿＿＿	4. 異文化＿＿＿＿＿
5. 迷う＿＿＿＿＿	6. 火事＿＿＿＿＿	7. 用事＿＿＿＿＿	8. 表す＿＿＿＿＿
9. 実習＿＿＿＿＿	10. 支度＿＿＿＿＿	11. 開発＿＿＿＿＿	12. 模様＿＿＿＿＿
13. 次第＿＿＿＿＿	14. 正直＿＿＿＿＿	15. 好む＿＿＿＿＿	16. 沸かす＿＿＿＿＿

五、将下列中文翻译成日语。

1. 跨越文化差异＿＿＿＿＿＿＿＿＿＿＿＿＿＿＿＿
2. 迷路＿＿＿＿＿＿＿＿＿＿＿＿＿＿＿＿
3. 试用新方法＿＿＿＿＿＿＿＿＿＿＿＿＿＿＿＿
4. 发生火灾＿＿＿＿＿＿＿＿＿＿＿＿＿＿＿＿
5. 范围广＿＿＿＿＿＿＿＿＿＿＿＿＿＿＿＿
6. 表达自己的感情＿＿＿＿＿＿＿＿＿＿＿＿＿＿＿＿
7. 表达拒绝的意思＿＿＿＿＿＿＿＿＿＿＿＿＿＿＿＿
8. 直接说出自己的想法＿＿＿＿＿＿＿＿＿＿＿＿＿＿＿＿
9. 把水烧开＿＿＿＿＿＿＿＿＿＿＿＿＿＿＿＿
10. 衣服破了＿＿＿＿＿＿＿＿＿＿＿＿＿＿＿＿
11. 开发新产品＿＿＿＿＿＿＿＿＿＿＿＿＿＿＿＿
12. 冲澡＿＿＿＿＿＿＿＿＿＿＿＿＿＿＿＿
13. 喜欢清淡的食物＿＿＿＿＿＿＿＿＿＿＿＿＿＿＿＿
14. 喜欢安静的曲子＿＿＿＿＿＿＿＿＿＿＿＿＿＿＿＿
15. 轻松地过周末＿＿＿＿＿＿＿＿＿＿＿＿＿＿＿＿

六、仿照示例，使用「Ｖたばかり」的表达方式，补全对话。

例　【食べる】
　　甲：一緒にご飯を食べませんか。
　　乙：すみません、今、食べたばかりなんです。
　　甲：そうですか。

1. 【今・始める】

   田中：佐藤さん、少し休みましょうか。

   佐藤：すみません、＿＿＿＿＿＿＿＿＿＿＿＿＿＿＿＿＿＿。

   田中：そうですか。

2. 【さっき・飲む】

   真希：李さん、コーヒーを飲みませんか。

   　李：すみません、＿＿＿＿＿＿＿＿＿＿＿＿＿＿＿＿＿＿。

   真希：そうですか。

3. 【昨日・見る】

   山本：鈴木さん、「山の郵便配達」（《那山那人那狗》）という中国の映画を見ましたか。

   鈴木：＿＿＿＿＿＿＿＿＿＿＿＿＿＿＿＿＿＿。とてもすばらしかったですよ。

   山本：そうですか。私も見に行きたいです。

4. 【午前・行く】

   佐藤：山田さん、一緒に買い物に行きませんか。

   山田：すみません、＿＿＿＿＿＿＿＿＿＿＿＿＿＿＿＿＿＿。

   佐藤：そうですか。

5. 【習い・始める】

   　李：佐藤さん、中国語はどれぐらいできますか。

   佐藤：＿＿＿＿＿＿＿＿＿＿＿＿＿＿＿ので、まだあまりできません。

   　李：そうですか。頑張ればできますよ。

七、仿照示例，将左右两列内容连线，组合成语义通顺的一句话。

例　日本に来たばかりのころは　　　　　　　・まだ簡単な挨拶しかできない。

1. 日本語の勉強を始めたばかりで　　　・　　・外はもう暗くなった。

2. このテレビは 2 か月前に買ったばかりなのに・　・とても立派だ。

3. さっきご飯を食べたばかりなので　　・　　・すぐには戻って来ないだろう。

4. まだ 4 時になったばかりなのに　　　・　　・日本語がよく分からなくて、苦労した。

5. これは去年建てたばかりの家で、　　・　　・もう壊れてしまった。

6. 弟は今出かけたばかりだから　　　　・　　・まだおなかがすいていない。

八、仿照示例，从方框中选择合适的动词，使用「VかVないか」的表达方式完成句子。（每个单词只用1次）

> 増やす、伸ばす、参加する、削る、賛成する、行く、好む、受ける、終わる

例　来週のボランティア活動に＿参加するか（参加）しないか＿まだ決まっていません。

1. 髪の毛を長く＿＿＿＿＿＿＿＿＿＿＿迷っています。

2. 週末、日帰り旅行に＿＿＿＿＿＿＿＿＿＿＿、友達に聞いてみます。

3. 今の仕事が締め切り（截止日期）まで＿＿＿＿＿＿＿＿＿＿は、みんなの協力次第です。

4. 手術を＿＿＿＿＿＿＿＿＿＿、お医者さんの意見を聞いてから決めます。

5. 派手な色を＿＿＿＿＿＿＿＿＿＿、本人に聞いてからプレゼントを選びます。

6. みなさん、田中さんの提案に＿＿＿＿＿＿＿＿＿＿、意見を発表してください。

7. 来年の予算を＿＿＿＿＿＿＿＿＿＿は、今年の運営次第です。

8. 会社の業務が急に増えたので、社員を＿＿＿＿＿＿＿＿＿＿考えています。

九、山田和同事近藤聊起了上个月在中国的旅行。仿照示例，使用「～とか（～とか）」的表达方式写出答句。

例　山田：先月、中国へ旅行に行ってきました。

近藤：そうですか。どこへ行きましたか。

山田：西安・成都

　　　西安とか成都とかへ行きました。楽しかったです。

1. 近藤：西安では何を見ましたか。
　　　兵馬俑・大雁塔

　　山田：＿＿＿＿＿＿＿＿＿＿＿＿＿＿＿＿＿＿＿＿＿＿＿＿＿＿

2. 近藤：成都では何をしましたか。
　　　お茶を飲む・おいしい物を食べる

　　山田：＿＿＿＿＿＿＿＿＿＿＿＿＿＿＿＿＿＿＿＿＿＿＿＿＿＿

3. 近藤：何がおいしかったですか。
　　　マーボー豆腐・火鍋

　　山田：＿＿＿＿＿＿＿＿＿＿＿＿＿＿＿＿＿＿＿＿＿＿＿＿＿＿

4. 近藤：中国に対する印象はどうですか。
　　　文化がおもしろい・人々が親切だ

　　山田：＿＿＿＿＿＿＿＿＿＿＿＿＿＿＿＿＿＿＿＿＿＿＿＿＿＿

十、仿照示例，使用「～とか（～とか）」的表达方式向大家介绍自己周末做什么。

例　小説を読む・友達と出かける

　　→鈴木：私は週末、小説を読むとか、友達と出かけるとかのんびり過ごします。

1. プールで泳ぐ・本を読む

　　高橋：＿＿＿＿＿＿＿＿＿＿＿＿＿＿＿＿＿＿＿＿＿＿＿＿＿＿

2. 映画を見る・友達と食事する

　　工藤：＿＿＿＿＿＿＿＿＿＿＿＿＿＿＿＿＿＿＿＿＿＿＿＿＿＿

3. おいしい料理を作る・テレビを見る

　　佐藤：＿＿＿＿＿＿＿＿＿＿＿＿＿＿＿＿＿＿＿＿＿＿＿＿＿＿

4. ＿＿＿＿＿＿・＿＿＿＿＿＿

　　私・ぼく：＿＿＿＿＿＿＿＿＿＿＿＿＿＿＿＿＿＿＿＿＿＿＿＿

十一、佐藤回顾刚过去的一周，有很多令他感到后悔的事。仿照示例，使用「Vば～のに／Aば～のに」的表达方式进行描述。

例　試験でいい成績が取れなかった。（試験の前によく復習する）
　　<u>試験の前によく復習すれば</u>、<u>もっといい成績が取れたのに</u>。

1. いつもの電車に乗り遅れた。（10分ぐらい早く家を出る）
　　_____

2. 電車の中に好きな本を落とした。（もっと気をつける）
　　_____

3. 授業中寝てしまって、先生に注意された。（夜遅くまでゲームをしない）
　　_____

4. 友達とけんかをした。（お互いにもっと理解し合う）
　　_____

5. 温泉旅行に行けなかった。（風邪を引かない）
　　_____

6. お金が足りなくてずっとほしかった携帯電話が買えなかった。（もっと安い）
　　_____

十二、默写课文。

ジョージ：先週、コンサートのチケットをもらったので、日本人の友達に「一緒に行きませんか」って
　　　　　聞いたんです。

　高橋：（边听边回应）ええ。

ジョージ：彼は「行きたいんですが、ちょっと……」と言って、①_____を言い
　　　　　ませんでした。

　高橋：（边听边回应）はい。

ジョージ：だから、私は彼が②_____分かりませんでした。

　高橋：ああ、それは、「行きたいんですが、ちょっと用事があるので、③_____。」
　　　　　という意味ですよ。

ジョージ：そうなんですか。どうして直接「④_____。」と言わないのでしょうか。

　高橋：それは、日本語の「いいえ」は英語の「No」より⑤_____
　　　　　強いからですよ。

ジョージ：（吃惊）えっ？

　高橋：例えば、英語では「Would you like to go to the party with me?」と質問されて、「No,I
　　　　　can't.I have to write a long paper.」と答えても大丈夫ですね。

ジョージ：はい。

　高橋：でも、日本語で「明日の午後、映画に行きませんか」と聞かれて、「いいえ」を使って答え
　　　　　たら⑥_____ように聞こえてしまうんです。

ジョージ：そうなんですか。では、⑦_____時、どう言えばいいのですか。

高橋：相手の気持ちに配慮して、「いいえ」を使わないで⑧＿＿＿＿＿＿＿＿＿＿＿＿＿＿＿＿

のです。例えば、「はい、行きたいんですが、ちょっと重要な仕事があるので……」とか言

って、⑨＿＿＿＿＿＿＿＿＿＿＿＿＿＿のです。

ジョージ：なるほど。アメリカでは⑩＿＿＿＿＿＿＿＿＿＿＿＿＿＿＿＿が、日本ではちょっと違う

のですね。もっとはっきり言えば、分かりやすいのに。

高橋：そうですね。それが文化の違いでしょうね。

ステップ3とステップ4

一、听录音，根据录音内容补全句子。每段录音播放2遍。

1. 毎日1時間＿＿＿＿＿＿＿＿＿＿としましたが、どうしても続けられませんでした。

2. いろいろと＿＿＿＿＿＿＿＿＿＿くださって、ほんとうにありがとうございました。

3. ＿＿＿＿＿＿＿＿＿＿おかげで、風邪にかかりにくい。

4. 先輩は私たちに＿＿＿＿＿＿＿＿＿＿くださいました。

5. 私の町は秋になると、＿＿＿＿＿＿＿＿＿＿きます。

6. そんなことを言われたら、＿＿＿＿＿＿＿＿＿＿ます。

二、听录音，根据录音内容，使用「Vてくださる」的表达方式写出下列人物在欢迎仪式上所做的事情。录音播放2遍。

1. 佐藤さん──────→新入社員の私たち （　　　　　　　　　　　　　　　　　　）

2. 田中さん──────→新入社員の私たち （　　　　　　　　　　　　　　　　　　）

3. 高橋部長──────→新入社員の私たち （　　　　　　　　　　　　　　　　　　）

4. 鈴木課長──────→新入社員の私たち （　　　　　　　　　　　　　　　　　　）

三、听下面4段录音，从A、B、C、D中选择与录音内容相符的选项，并使用「疑問詞＋でも」的表达方式，在横线上写出每个选项的具体功能。录音播放2遍。

A シェア自転車　　　　B スマートフォン　　　　C 電子辞書　　　　D 電子レンジ

1. （　　）＿＿＿＿＿＿＿＿＿＿＿＿＿＿＿＿＿＿＿＿＿＿＿＿＿＿＿＿＿＿＿＿＿

2. （　　）＿＿＿＿＿＿＿＿＿＿＿＿＿＿＿＿＿＿＿＿＿＿＿＿＿＿＿＿＿＿＿＿＿

3. （　　）＿＿＿＿＿＿＿＿＿＿＿＿＿＿＿＿＿＿＿＿＿＿＿＿＿＿＿＿＿＿＿＿＿

4. （　　）＿＿＿＿＿＿＿＿＿＿＿＿＿＿＿＿＿＿＿＿＿＿＿＿＿＿＿＿＿＿＿＿＿

四、用平假名写出下列日语单词的读音。

1. 国際＿＿＿＿＿＿　　2. 事情＿＿＿＿＿＿　　3. 振る＿＿＿＿＿＿　　4. 凍る＿＿＿＿＿＿

5. 乾く＿＿＿＿＿＿　　6. 辺り＿＿＿＿＿＿　　7. 応援＿＿＿＿＿＿　　8. 果たす＿＿＿＿＿＿

9. 励ます＿＿＿＿＿＿　　10. 枝＿＿＿＿＿＿　　11. 暮れる＿＿＿＿＿＿　　12. 影＿＿＿＿＿＿

13. 郊外＿＿＿＿＿＿＿　　14. 紅葉＿＿＿＿＿＿　　15. 種＿＿＿＿＿＿　　16. 芽＿＿＿＿＿＿

五、将下列中文翻译成日语。

1. 掌握日语＿＿＿＿＿＿＿＿＿＿＿＿＿　　2. 被老师提醒＿＿＿＿＿＿＿＿＿＿＿＿＿

3. 拓宽视野＿＿＿＿＿＿＿＿＿＿＿＿＿　　4. 为社会作贡献＿＿＿＿＿＿＿＿＿＿＿＿

5. 考试合格＿＿＿＿＿＿＿＿＿＿＿＿＿　　6. 降低成本＿＿＿＿＿＿＿＿＿＿＿＿＿＿

7. 接近目标＿＿＿＿＿＿＿＿＿＿＿＿＿　　8. 触不可及＿＿＿＿＿＿＿＿＿＿＿＿＿＿

9. 挥手＿＿＿＿＿＿＿＿＿＿＿＿＿＿＿　　10. 实现梦想＿＿＿＿＿＿＿＿＿＿＿＿＿＿

11. 种子发芽＿＿＿＿＿＿＿＿＿＿＿＿＿　　12. 空气干燥＿＿＿＿＿＿＿＿＿＿＿＿＿＿

13. 天色变暗＿＿＿＿＿＿＿＿＿＿＿＿＿　　14. 燃烧木头＿＿＿＿＿＿＿＿＿＿＿＿＿＿

15. 父母支持我＿＿＿＿＿＿＿＿＿＿＿＿　　16. 与世界接轨＿＿＿＿＿＿＿＿＿＿＿＿＿

六、日本某高中召开了"努力奋斗，超越自我"的主题班会。从方框中选择合适的动词并使用「V（よ）うとする」的表达方式，表达学生各自的想法。

近づく　　合格する　　入る　　覚える　　慣れる　　減らす　　走る　　つかむ

1. 工藤：私は中国語の能力試験に＿＿＿＿＿＿＿として、毎日聞く練習をしたり、文章を読んだりしています。

2. 佐藤：私は目指した大学に＿＿＿＿＿＿＿として、一生懸命頑張っています。

3. 田中：私は去年から毎日英語の単語を 10 個ずつ＿＿＿＿＿＿＿としましたが、どうしても続けられませんでした。

4. 山本：私は中国語のスピーチ大会に参加するチャンスを＿＿＿＿＿＿＿として、スピーチの練習をしています。

5. 鈴木：私は健康のために、毎日３キロ＿＿＿＿＿＿＿として、毎日早く起きています。

6. 松本：私は少しでもゴミを＿＿＿＿＿＿＿として、できるだけ使い捨ての物を使わないようにしています。

7. 李明（留学生）：一日でも早く日本の高校生活に＿＿＿＿＿＿＿として、先輩たちにいろいろ聞きました。

8. 高橋先生：みなさんは一歩一歩目標に＿＿＿＿＿＿＿として、一生懸命に頑張っていますね。

七、日本某高中召开了"感恩之心"的主题班会。仿照示例，使用「Vてくださる」的表达方式，写一写各位同学曾经得到过的帮助。

例 ホームステイ先のお母さん・おいしい料理をいろいろ作る

　　劉正（留学生）：ホームステイ先のお母さんはおいしいものをいろいろ作ってくださいました。

1. ホームステイ先のおばあさん・日本の茶道を教える

　　劉正（留学生）：＿＿＿＿＿＿＿＿＿＿＿＿＿＿＿＿＿＿＿＿＿＿＿＿＿＿＿＿＿＿。

2. 英語の先生・英語の発音を直す

　　鈴木：＿＿＿＿＿＿＿＿＿＿＿＿＿＿＿＿＿＿＿＿＿＿＿。

3. 田中先生・熱心に作文の指導をする

　　李華（留学生）：＿＿＿＿＿＿＿＿＿＿＿＿＿＿＿＿＿＿＿。

4. 寮の館長さん・親切にする

　　李華（留学生）：＿＿＿＿＿＿＿＿＿＿＿＿＿＿＿＿＿＿＿。

5. 両親・いつも私のことを応援する

　　佐藤：＿＿＿＿＿＿＿＿＿＿＿＿＿＿＿＿＿＿＿＿＿＿＿。

（写一写哪些人曾经帮助过你。）

6. ＿＿＿＿＿＿＿＿＿＿＿＿＿＿＿＿＿＿＿＿＿＿＿＿＿＿＿。

7. ＿＿＿＿＿＿＿＿＿＿＿＿＿＿＿＿＿＿＿＿＿＿＿＿＿＿＿。

八、仿照示例，结合第七题中的内容，使用「～おかげで」的表达方式，写一写各位同学在他人的帮助下取得的进步。

例　日本料理が好きになる

　　劉正：ホームステイ先のお母さんのおかげで、日本料理が好きになりました。

1. 日本の茶道に興味を持つようになる

　　劉正：＿＿＿＿＿＿＿＿＿＿＿＿＿＿＿＿＿＿＿＿＿＿＿。

2. 英語に自信を持つようになる

　　鈴木：＿＿＿＿＿＿＿＿＿＿＿＿＿＿＿＿＿＿＿＿＿＿＿。

3. 作文が少しずつ上手に書けるようになる

　　李華：＿＿＿＿＿＿＿＿＿＿＿＿＿＿＿＿＿＿＿＿＿＿＿。

4. 日本の生活にすぐ慣れるようになる

　　李華：＿＿＿＿＿＿＿＿＿＿＿＿＿＿＿＿＿＿＿＿＿＿＿。

5. 自分が好きなことができる

　　佐藤：＿＿＿＿＿＿＿＿＿＿＿＿＿＿＿＿＿＿＿＿＿＿＿。

6. 自分：＿＿＿＿＿＿＿＿＿＿＿＿＿＿＿＿＿＿＿＿＿＿＿＿。

7. 自分：＿＿＿＿＿＿＿＿＿＿＿＿＿＿＿＿＿＿＿＿＿＿＿＿。

九、仿照示例，将左右两列内容连线，组合成语义通顺的一句话。

例　春が来ると　　　　　　　　　・翌日いい天気になる。

1. 水は氷点下になると　・　　　・洗濯物がなかなか乾かない。

2. 気温が急に下がると　・　　　・花が咲く。

3. 夕焼けが出ると　　　・　　　・開花の時期が早くなる。

4. ハルビンは冬になると・　　　・霧が発生する。

5. 気温が高いと　　　　・　　　・凍る。

6. 梅雨の時期になると　・　　　・よく雪が降る。

十、使用「疑問詞＋でも」的表达方式，在横线上填写适当的内容补全对话。

1. 高橋：鈴木さん、明日何時に会いましょうか。

   鈴木：私は何も予定がありませんから、＿＿＿＿＿＿＿＿いいですよ。

   高橋：じゃあ、10時にしましょう。

2. （店員がお客さんと電子レンジについて話しています。）

   店員：これがあれば、＿＿＿＿＿＿＿＿＿温かいご飯を食べることができます。とても便利ですよ。

   お客：これで料理を作ることもできますか。

   店員：もちろんできますよ。料理の本も出ていますから、料理が初めての人でも安心です。簡単で
   美味しい料理を＿＿＿＿＿＿＿作ることができますよ。

3. 田中：このみかん、父が育てたものですよ。どうぞ。

   佐藤：へえ、お父さんが育てたものですか。ぜひ食べてみたいです。いただきます！……わあ、甘い！

   田中：たくさんありますから、＿＿＿＿＿＿＿食べてください。

4. （100円ショップで）

   李：わあ、商品がたくさんありますね。

   鈴木：ええ、100円ショップですから、＿＿＿＿＿＿＿＿100円なんですよ。

   李：安いですね。

5. 山田：インターネットができて、世の中のいろいろなことが変わりました。

   佐藤：本当ですね。ニュースやいろいろな情報、知りたいことを＿＿＿＿＿＿＿知ることができますね。

   田中：ええ、それからインターネットではほしい物を＿＿＿＿＿＿＿買うことができますから、特
   に忙しい人にはとても便利ですね。

6. 高橋：小野さんは仕事によくパソコンを使いますか。

   小野：毎日使いますよ。軽くて持ち運びが便利で、ホテルや新幹線の中など、＿＿＿＿＿＿＿＿仕事
   をすることができますね。

十一、选出与例句中画线部分语法意义相同的一项。

（　）1. この単語は昨日覚えた<u>ばかり</u>なのに、忘れてしまった。

   A 弟は野菜は食べないで、肉<u>ばかり</u>食べている。

   B 勉強しないで、遊んで<u>ばかり</u>いては困るよ。

   C 兄は留学が終わって、先週アメリカから帰ってきた<u>ばかり</u>だ。

   D 過去の失敗を繰り返して<u>ばかり</u>いてはいけない。

（　）2. この公園は日が暮れる<u>と</u>、静かになります。

   A 午前10時の電車ですから、9時に出発すれば間に合う<u>と</u>思います。

   B 祖父の病気が早くよくなる<u>と</u>いいですね。

   C 将来の進路について、先生<u>と</u>相談しました。

   D 暖かくなる<u>と</u>、渡^{わた}り鳥^{どり}が南から飛んできます。

（　）3. 困ったことがあったら、いつ<u>でも</u>相談に来てください。

A 野菜は嫌いでも、毎日食べなければなりません。

B 鈴木さんは歴史については何でも知っています。

C この仕事、田中さんに頼んでもいいですか。

D 週末、久しぶりに映画でも見に行きませんか。

ステップ3とステップ4

十二、找出下列句子中有误的部分，画线并改正。

1. 夕方になると、影が長くなりました。
　_____

2. 優しいとか、仕事に真面目とかは、王さんのすばらしいところです。
　_____

3. このカーテンは洗ったばかりので、とてもきれいです。
　_____

4. 試験の前にまじめに復習しておけば、もっといい成績が取ったのに。
　_____

5. ピアノの先生が熱心に指導してもらったおかげで、私は賞を受けることができた。
　_____

6. 兄は性格が明るくて、誰でもすぐ友達になれます。
　_____

十三、默写课文。

（一）

日本に来たばかりの頃、①_____でした。先生が②_____説明してくださいました。そして、クラスメートも③_____くれました。そのおかげで、日本語が④_____きました。みんなにとても感謝しています。

（二）

日本に来て 2 年近く経ちました。音楽は J-pop が好きで、食べ物は納豆・梅干し・餅などが好きです。振り返ってみて、⑤_____と思います。学んだことの中で一番大事なのは、⑥_____があって、言語や文化が⑦_____ことに気づいたことです。そして、人間も⑧_____ということに気づいたのです。

第3課　お年寄りとの接し方

语言知识要点

1. 重点词语

词类		词语
名词		年寄り、現実、老人ホーム、喫茶店、作者、システム、この度、恥、若者、ベストセラー、習慣、和室、クーラー、塾、知恵、近所、傾向、思い出、退屈、文化祭、書道、手続き、口述試験、筆記試験、飾り物、胃、固定概念、素人、キャンパス、サークル、メンバー、アンケート調査、ひいおじいさん、役割、図表、パワーポイント
动词	V₁	寄る、焼く、焦る、聞き取る、伝わる、縛る、押す、腐る
	V₂	怠ける、諦める
	V₃	想像する、独立する、注射する、子育てする、トレーニングする、工事する、選挙する、希望する
形容词	A₁	鋭い、恐ろしい、苦い、とんでもない、辛い、臭い
	A₂	滑らか、退屈
副词		ほっと、最も
词组		皺が寄る、世話を焼く、力を合わせる

2. 语法项目

序号	语法项目	含义	例句
1	お（ご）N／A（敬语）	是一种礼貌的表达方式，用于表达说话人的敬意。	<u>お</u>味はいかがでしょうか。
2	Aさ（复合名词）	表示性质、状态、心理状态或其程度。	この仕事はつら<u>さ</u>もありますが、うれし<u>さ</u>もあります。
3	Vず	表示否定，意为"不……""没……"。	思わ<u>ず</u>知ら<u>ず</u>
4	Aがる（复合动词）	意为（第三人称）"觉得……""想要……""希望……"。	子供は苦い薬を嫌<u>がって</u>いる。
5	Vせる／させる（诱发某种情感）	表示诱发某种情感，意为"使人……""让人……"。	おもしろいことを言って李さんを笑わ<u>せた</u>。

（续表）

序号	语法项目	含义	例句
6	Vておる（敬语）	表示动作的持续，「おる」是「いる」的自谦语。	いつもお世話になっております。
7	N／A／V（句中停顿，书面语）	表示停顿或并列。	李さんは中国からの留学生で、高校1年生です。
8	N1をN2にする	意为"把……当作……"。	この工事は今年12月の完成を目標にしています。
9	Vずに	意为"在不（没有）……的状态下，做……"，是书面语，相当于口语中的「Vないで〜」。	朝ご飯を食べずに学校に行くのはよくない。
10	〜と（假设）	意为"一……就……""如果……就……"。	このボタンを押すと、ドアが開きます。

ステップ1とステップ2

一、听录音，根据录音内容补全句子。每段录音播放2遍。

1. ＿＿＿＿＿＿＿どうもありがとうございます。

2. システムの＿＿＿＿＿＿＿は想像以上です。

3. 高い値段で買ったものなのに、親に＿＿＿＿＿＿＿と言われてしまった。

4. 若者が＿＿＿＿＿＿＿ような大人になりたいです。

5. おばあさんが＿＿＿＿＿＿＿から、ストーブ（电暖炉）をつけましょう。

6. この度、自然災害の＿＿＿＿＿＿＿ました。

二、听录音，在与录音内容相符的句子前画○，不符的画×。录音播放2遍。

（　　）1. 「私」は病院で働いています。

（　　）2. 「私」は小さい時、父が家にいないとよく泣いていました。

（　　）3. 父はよく洗濯や掃除などの家事をします。

（　　）4. 「私」は将来、母のような人になりたいと思っています。

三、听下面5段录音，每段录音后有1道小题，从题中所给的A、B、C中选择最佳选项。每段录音只播放1遍。

（　　）1. 2人はいつ会いますか。

　　　A 今日の10時半　　　　　　B 明日の4時　　　　　　C 今日の4時

（　　）2. 男の人は何を買って帰りますか。

　　　A 牛乳とビール　　　　　　B 牛乳とチーズ　　　　　C ビールとチーズ

（　　）3. 2人はこれからまず何をしますか。

A 財布を取りに帰る。　　　　B 父に電話する。　　　　C スーパーに行く。

（　　）4. 男の人はどうやって来ましたか。

A バスで　　　　　　　　B 車で　　　　　　　　C 電車で

（　　）5. 女の人の腕時計はどうして壊れたのですか。

A 中に水が入ったから　　　B 友達が壊したから　　　C 古くなったから

四、用平假名写出下列日语单词的读音。

1. 年寄り＿＿＿＿＿　　2. 現実＿＿＿＿＿　　3. 喫茶店＿＿＿＿＿　　4. 恥＿＿＿＿＿

5. 想像＿＿＿＿＿　　6. 独立＿＿＿＿＿　　7. 若者＿＿＿＿＿　　8. 習慣＿＿＿＿＿

9. 和室＿＿＿＿＿　　10. 注射＿＿＿＿＿　　11. 皺＿＿＿＿＿　　12. 鋭い＿＿＿＿＿

13. 老人＿＿＿＿＿　　14. 焦る＿＿＿＿＿　　15. 寄る＿＿＿＿＿　　16. 滑らか＿＿＿＿＿

五、将下列中文翻译成日语。

1. 长皱纹＿＿＿＿＿＿＿＿＿＿＿＿＿＿　　2. 合口味＿＿＿＿＿＿＿＿＿＿＿＿＿＿

3. 添麻烦＿＿＿＿＿＿＿＿＿＿＿＿＿＿　　4. 改变人生＿＿＿＿＿＿＿＿＿＿＿＿＿＿

5. 百闻不如一见＿＿＿＿＿＿＿＿＿＿＿＿　　6. 不知不觉＿＿＿＿＿＿＿＿＿＿＿＿＿＿

7. 不知羞耻＿＿＿＿＿＿＿＿＿＿＿＿＿＿　　8. 养成好习惯＿＿＿＿＿＿＿＿＿＿＿＿＿

9. 关闭空调＿＿＿＿＿＿＿＿＿＿＿＿＿＿　　10. 悉心照顾＿＿＿＿＿＿＿＿＿＿＿＿＿

11. 无法沟通＿＿＿＿＿＿＿＿＿＿＿＿＿＿　　12. 无须担心＿＿＿＿＿＿＿＿＿＿＿＿＿

13. 感到恐惧＿＿＿＿＿＿＿＿＿＿＿＿＿＿　　14. 意识到健康的重要性＿＿＿＿＿＿＿＿＿＿

15. 烤肉＿＿＿＿＿＿＿＿＿＿＿＿＿＿

六、从方框中选择合适的表达方式并改为「Aさ（复合名词）」的形式，补全句子。（每个单词只用1次）

にぎやかだ　　楽しい　　鋭い　　大切だ　　深い　　広い　　真面目だ　　大変だ

1. 弟は頭はいいのですが、勉強に対する＿＿＿＿＿が足りません。

2. 停電になってはじめて、電気の＿＿＿＿＿に気づきました。

3. 日本語の勉強は、最初は大変でしたが、今はだんだんその＿＿＿＿＿が分かってきた。

4. 高校生の模擬国連会議で、生徒たちは積極的に発言した。その内容の＿＿＿＿＿に感心した。

5. 入社したばかりの時、課長はこの仕事の＿＿＿＿＿や気を付ける所などについて詳しく説明してくれた。

6. 朝、家を出たら、霧の＿＿＿＿＿にびっくりした。

7. 10年ぶりに故郷に帰って、昔静かだった故郷の＿＿＿＿＿に驚いた。

8. 新しい家の＿＿＿＿＿は、前の家の3倍だ。

七、根据下列释义从方框中选出对应的惯用语，将对应的选项写在括号中，并将日语惯用语翻译成中文。

> A 井の中の蛙、大海を知らず　　B 鳴く猫は鼠捕らず　　C 覆水盆に返らず
> D 虎穴に入らずんば、虎児を得ず　　E 飢えては食を択ばず　　F 能書は筆を択ばず

（　　）1. 释义：字の上手な人は、どんな筆を使っても上手に書くということ。

　　　　 译文：＿＿＿＿＿＿＿＿＿＿＿＿＿＿＿＿＿＿＿＿＿＿＿＿

（　　）2. 释义：一度してしまったことは取り返しがつかないということ。

　　　　 译文：＿＿＿＿＿＿＿＿＿＿＿＿＿＿＿＿＿＿＿＿＿＿＿＿

（　　）3. 释义：よくしゃべる者はかえって実行をしないこと。

　　　　 译文：＿＿＿＿＿＿＿＿＿＿＿＿＿＿＿＿＿＿＿＿＿＿＿＿

（　　）4. 释义：狭い世界に閉じこもって、広い世界のあることを知らないこと。

　　　　 译文：＿＿＿＿＿＿＿＿＿＿＿＿＿＿＿＿＿＿＿＿＿＿＿＿

（　　）5. 释义：おなかが空いた人は何でもおいしく食べられること。

　　　　 译文：＿＿＿＿＿＿＿＿＿＿＿＿＿＿＿＿＿＿＿＿＿＿＿＿

（　　）6. 释义：危険を冒さなければ、望みのものは得られないこと。

　　　　 译文：＿＿＿＿＿＿＿＿＿＿＿＿＿＿＿＿＿＿＿＿＿＿＿＿

八、从A、B、C、D中选择最佳选项。

（　　）1. 最近、野菜＿＿＿＿嫌がる子供が多くなっているそうです。

　　　　　Aが　　　　　　　Bに　　　　　　　　Cを　　　　　　　　Dは

（　　）2. 鈴木さんの話し方＿＿＿＿丁寧さが足りません。

　　　　　Aへは　　　　　　Bには　　　　　　　Cでは　　　　　　　Dから

（　　）3. お母さん、ぜひお体＿＿＿＿大事にしてくださいね。

　　　　　Aが　　　　　　　Bに　　　　　　　　Cを　　　　　　　　Dへ

（　　）4. 田中：佐藤さん、久しぶりに一緒に＿＿＿＿でもいかがですか。

　　　　　佐藤：もちろんいいですよ。

　　　　　Aお食事　　　　　Bご食事　　　　　　Cお出席　　　　　　Dご出席

（　　）5. ＿＿＿＿ところ、わざわざ来ていただきまして、ありがとうございます。

　　　　　Aご忙しい　　　　Bお忙しい　　　　　C忙しく　　　　　　D忙しかった

（　　）6. 太陽の＿＿＿＿は地球の何倍ぐらいでしょうか。

　　　　　A広さ　　　　　　B深さ　　　　　　　C高さ　　　　　　　D大きさ

（　　）7. 私は＿＿＿＿コーヒーが好きで、砂糖やミルクなどを入れないで飲みます。

　　　　　Aにがい　　　　　Bつらい　　　　　　Cあまい　　　　　　Dからい

（　　）8. おばあさんは耳が＿＿＿＿ので、大きい声で話さないと聞こえません。

　　　　　A近い　　　　　　B大きい　　　　　　C小さい　　　　　　D遠い

九、假设你要将宠物狗送到朋友家寄养。仿照示例，使用「～がります」或「あまり～がりません」的表达方式向朋友介绍宠物狗的习性。

例1　肉/ほしい【○】→ハッピーはよく肉をほしがります。

例2　肉/ほしい【×】→ハッピーはあまり肉をほしがりません。

1. 他の犬・遊びたい【○】

　_____

2. お風呂・嫌だ【○】

　_____

3. 外・出たい【○】

　_____

4. そばに誰もいない・寂しい【○】

　_____

5. 大きい犬・怖い【×】

　_____

6. 冬・寒い【×】

　_____

十、田中是樱花旅行社北京分社的职员，为了迎接即将到来的旅游高峰期，他写了一份报告。阅读下面的文章，从A、B中选择正确的选项，填写在下方的横线上。

　これから日本人観光客（かんこうきゃく）のために、私が考えたツアーについて発表します。今、北京に来る日本人の観光客は、北京のどこに①（A 行きたい　B 行きたがっている）のでしょうか。そこで何②（A がしたい　B をしたがっている）のでしょうか。そして、私たちは日本からのお客様に何③（A が見せたい　B を見せたがっている）のでしょうか。これらの問題を考えながら、この計画を立てました。

　まず、一番人気があるのは、万里の長城でしょう。中国の万里の長城に④（A 登ってみたい　B 登ってみたがっている）と思っている観光客はたくさんいますから、このツアーでははじめに万里の長城に行きます。次に、人気があるのは故宮です。そこで明と清の時代の皇族（こうぞく）たちの生活について⑤（A 知りたい　B 知りたがっている）と思っている人たちも多いでしょう。それから、王府井（わんふーちん）へ⑥（A 行きたい　B 行きたがっている）人も少なくないでしょう。最後には、北京料理の中で有名な北京ダックの店です。本場（ほんば）の北京ダックを⑦（A 食べたい　B 食べたがっている）と言う人がたくさんいます。

　これが私の考えた、日本人のお客様に⑧（A 見せたい　B 見せたがっている）北京です。

①_____　②_____　③_____　④_____　⑤_____　⑥_____　⑦_____　⑧_____

十一、默写课文。

　純：おばあさん、先月、別府温泉に行ったんだってね。どうだった？

とみ子：えー、よく聞こえないねえ。①_____かい？

　純：おばあちゃん、別府の温泉はどうだったの？（大きな声ではっきりと）

とみ子：ああ、温泉旅行の、そうだねえ。②＿＿＿＿＿＿＿＿＿＿＿＿ よう。菊江ちゃんが、湯船

　　　　で③＿＿＿＿＿＿＿＿ねえ、④＿＿＿＿＿＿＿＿＿＿ねえ。でも、⑤＿＿＿＿＿＿＿＿

　　　　良かったよ。

　　純：そうなの。菊江さんって、おばあちゃんの幼馴染のあの菊江さん？

とみ子：そう。⑥＿＿＿＿＿＿＿＿＿＿＿＿のに、旦那さんの介護で⑦＿＿＿＿＿＿＿＿＿＿

　　　　んだろうね。

ステップ3とステップ4

一、听录音，根据录音内容补全句子。每段录音播放2遍。

1. 兄を＿＿＿＿＿＿＿＿ようとして、とても難しい質問をした。

2. 明日、忘年会が行われます。皆様のご参加を＿＿＿＿＿＿＿＿＿＿ます。

3. ＿＿＿＿＿＿＿＿＿＿、冬休みが始まった。

4. 母は客間を＿＿＿＿＿＿＿＿＿＿にしてくれた。

5. ＿＿＿＿＿＿＿＿＿＿、家を出てしまった。

6. ＿＿＿＿＿＿＿＿＿＿と、臭いにおいがしてきます。

二、听录音，在与录音内容相符的句子前画〇，不符的画×。录音播放2遍。

（　　）1. この人は経済についての雑誌を紹介しています。

（　　）2. 日本には漫画の種類が多いです。

（　　）3. 勉強は漫画だけでもいいです。

（　　）4. 勉強のための漫画のいい所は難しい内容がよくわかることです。

（　　）5. 勉強のための漫画はあまり売れていません。

三、听下面3段录音，每段录音后有2道小题，从题中所给的A、B、C中选择最佳选项。每段录音播放2遍。

（　　）1. 女の人の友達は何のために日本に来ますか。

　　　　　A 旅行のために

　　　　　B お母さんの病気を診るために

　　　　　C 日本の病院で働くために

（　　）2. 女の人は何で空港に行きますか。

　　　　　A 車　　　　　　　　B 電車　　　　　　　　C バス

（　　）3. 新聞紙は何曜日に出しますか。

　　　　　A 月曜日　　　　　　B 木曜日　　　　　　　C 金曜日

（　　）4. 缶はどうやって捨てますか。

　　　　　A 中身（里面）の見える袋に入れる。

B 中身の見えない袋に入れる。

C 洗わずに捨てる。

（　）5. 旅行で一番印象に残ったことは何ですか。

A 東京でおいしいものを食べたこと

B ユニバーサルスタジオジャパンに行ったこと

C 奈良公園で鹿を見たこと

（　）6. 女の人が行っていない町はどこですか。

A 大阪　　　　　　　　　　B 奈良　　　　　　　　　C 神戸

四、用平假名写出下列日语单词的读音。

1. 知恵＿＿＿＿＿＿＿　　2. 子育て＿＿＿＿＿＿　　3. 近所＿＿＿＿＿＿　　4. 傾向＿＿＿＿＿＿

5. 退屈＿＿＿＿＿＿＿　　6. 書道＿＿＿＿＿＿　　7. 手続き＿＿＿＿＿＿　　8. 腐る＿＿＿＿＿＿

9. 怠ける＿＿＿＿＿＿　10. 諦める＿＿＿＿＿＿　11. 工事＿＿＿＿＿＿　　12. 選挙＿＿＿＿＿＿

13. 臭い＿＿＿＿＿＿＿　14. 希望＿＿＿＿＿＿　15. 役割＿＿＿＿＿＿

五、将下列中文翻译成日语。

1. 与老人相处＿＿＿＿＿＿＿＿＿＿＿＿＿　　2. 机会增多＿＿＿＿＿＿＿＿＿＿＿＿＿

3. 提出话题＿＿＿＿＿＿＿＿＿＿＿＿＿　　4. 拥有生活的智慧＿＿＿＿＿＿＿＿＿＿＿

5. 受教了（学到了）＿＿＿＿＿＿＿＿＿　　6. 上年纪＿＿＿＿＿＿＿＿＿＿＿＿＿＿

7. 回忆往事＿＿＿＿＿＿＿＿＿＿＿＿＿　　8. 学习懒散＿＿＿＿＿＿＿＿＿＿＿＿＿

9. 让妈妈安心＿＿＿＿＿＿＿＿＿＿＿＿＿　10. 给予关注＿＿＿＿＿＿＿＿＿＿＿＿＿

11. 承蒙关照＿＿＿＿＿＿＿＿＿＿＿＿＿　12. 顺利完成＿＿＿＿＿＿＿＿＿＿＿＿＿

13. 以去日本留学为目标＿＿＿＿＿＿＿＿＿　14. 水很深＿＿＿＿＿＿＿＿＿＿＿＿＿＿

15. 关灯＿＿＿＿＿＿＿＿＿＿＿＿＿＿＿　16. 以老年人为对象＿＿＿＿＿＿＿＿＿＿＿

17. 在选举中胜出＿＿＿＿＿＿＿＿＿＿＿＿　18. 睡午觉＿＿＿＿＿＿＿＿＿＿＿＿＿＿

19. 半途而废＿＿＿＿＿＿＿＿＿＿＿＿＿　20. 实现梦想＿＿＿＿＿＿＿＿＿＿＿＿＿

六、仿照示例，将左右两列内容连线，组合成语义通顺的一句话。

例 高橋さんはいつもおもしろい冗談を言って　　　　　・よく周りの人を楽しくさせる。

1. うそをついたために　　　　　　　　　　・隣の人をびっくりさせた。

2. 健康のために　　　　　　　　　　　　　・やっと親を安心させた。

3. 父はユーモアのある人で　　　　　　　　周りの人を笑わせる。

4. 祖父の病気が少しずつ回復してきて　　　・子供を喜ばせた。

5. 男の人が突然大きな声を出して　　　　　・母は毎日子供に野菜を食べさせている。

6. 子供の誕生日に、おもちゃを買ってあげて　・父をすっかり怒らせた。

七、从A、B、C、D中选择最佳选项。

（　　）1. お年寄りは健康＿＿＿敏感ですから、「食」の話題に大きな関心を寄せます。

　　　　　Aが　　　　　　　　　Bは　　　　　　　　Cを　　　　　　　　Dに

（　　）2. 兄はいい大学を目指して、勉強＿＿＿頑張っています。

　　　　　Aが　　　　　　　　　Bに　　　　　　　　Cを　　　　　　　　Dで

（　　）3. 毎朝、野菜ジュースやフルーツジュースを＿＿＿元気になると言われています。

　　　　　A 飲んで　　　　　　B 飲むと　　　　　　C 飲んでから　　　D 飲むから

（　　）4. 中国では現在、高齢化社会を迎えており、これからもお年寄りはもっと増えて＿＿＿。

　　　　　A きました　　　　　B いきました　　　　C きます　　　　　D いきます

（　　）5. お年寄りは若い人にはない生活の＿＿＿を持っています。

　　　　　A 趣味　　　　　　　B 興味　　　　　　　C 知恵　　　　　　D 傾向

（　　）6. 李さんは何も言わずに出かけて、遅くまで帰って来なかったので、親を＿＿＿。

　　　　　A ほっとした　　　　B 心配した　　　　　C ほっとさせた　　D 心配させた

（　　）7. 誰かが自分の話を聞いてくれることは、お年寄りに＿＿＿楽しいことです。

　　　　　A とって　　　　　　B ついて　　　　　　C 対して　　　　　D よって

（　　）8. 甲：いつもうちの子が＿＿＿。これからもよろしくお願いします。

　　　　　乙：こちらこそよろしくお願いします。

　　　　　A お世話をしております　　　　　　　　　B お世話になっております

　　　　　C お世話を焼いております　　　　　　　　D 面倒を見ております

八、从方框中选择合适的外来语，将选项填写在横线上。

> A メンバー　B キャンパス　C アンケート　D トレーニング　E クーラー　F システム　G サークル

1. 北京大学はとても広いです。＿＿＿＿＿の中に大きな池があって、冬はそこでスケートもできます。

2. 休みの日でもサッカーチームの＿＿＿＿＿たちと練習して、やっと優勝することができた。

3. 節電のために、今年の夏はできるだけ＿＿＿＿＿を使わずに過ごそうと思います。

4. これは高校生の「週末の過ごし方」についての＿＿＿＿＿調査の結果です。

5. 私の学校には運動部、文学部、天文部など20以上の＿＿＿＿＿があります。

6. 健康のために、去年からジム（健身房）でいろいろな＿＿＿＿＿をしています。

7. 大学の責任者は寮の管理＿＿＿＿＿をよくするために、いろいろな工夫をしています。

九、阅读下面的对话，使用「Vずに」的表达方式总结对话内容。

田中：高橋さん、週末は何をしましたか。

高橋：土曜日に友達の結婚式があったので、ふるさとに帰ったんです。

田中：田中さんのふるさとは、長崎ですよね。

高橋：ええ、久しぶりに帰ったので、いろいろと忙しかったんです。

田中：お友達の結婚式の前の日に長崎に帰ったんですか。

高橋：いいえ、土曜日に帰ったんです。結婚式は午後からだったので、午前中の新幹線で帰ったんです。

田中：そうだったんですか。ご両親には会いましたか。

高橋：日曜日は実家で親と過ごそうと思ったんですが、初めて長崎に来た友達が遊びたいと言ったので、いろんなところへ連れて行って、両親に会う時間が全然なくて。

田中：そうでしたか。

高橋：月曜日は仕事があるので、結局、日曜日の夕方の新幹線で戻ってきました。今度の休みに実家に帰って、親とゆっくり過ごしたいと思っています。

田中：そうですね。ご両親もきっと高橋さんに会いたがっているでしょう。ところで、お友達の結婚式で高橋さんは写真を撮りましたか。

高橋：撮るつもりでしたが、久しぶりに会った友達と話したり、友達に写真を撮ってあげたりしているうちに自分の写真を撮るのを忘れてしまって……。ところで、田中さんは週末に何をしましたか。

田中：特に何もしませんでしたよ。2日間家でのんびりして、どこへも出かけませんでした。家に食べ物もたくさんあったから大丈夫だったし、家で好きな映画を見て過ごしました。

高橋：いいですね。今度の週末は私もゆっくりしたいです。

1. 高橋さんはお友達の結婚式の前の日に長崎に＿＿＿＿＿＿＿＿＿＿＿＿＿＿＿＿＿＿＿、結婚式の日の午前中に新幹線で帰った。

2. 高橋さんは日曜日、実家で親と＿＿＿＿＿＿＿＿＿＿＿＿＿＿＿＿＿＿、初めて長崎に来た友達をいろいろなところへ連れて行った。

3. 高橋さんは長崎で自分の写真を＿＿＿＿＿＿＿＿＿＿＿、週末を過ごした。

4. 田中さんは週末、特に＿＿＿＿＿＿＿＿＿＿＿＿＿＿＿＿＿、ずっと家にいた。

5. 田中さんは家に食べ物がたくさんあったので、家を一歩も＿＿＿＿＿＿＿＿＿＿＿週末を過ごした。

十、阅读下面的对话，根据对话内容，使用「～と」的表达方式，补全方框中的短文。

佐藤：寒くなってきたね。今朝、川の水が凍っていたよ。外に出て気づいたの。

木村：へえ。もう真冬だね。私、冬には必ず風邪を引いちゃうのよ。

佐藤：私も毎年何回も引くよ。木村さんは風邪薬、ちゃんと飲むの？

木村：うん、必ず飲むよ。だから、すぐ治っちゃうの。

佐藤：私は、すぐ眠くなるから、我慢して飲まない時もあるんだ。

木村：それじゃ、なかなか治らないだろう？

佐藤：うん、でも、仕事が忙しい時や車を運転する時などは、仕方がないわ。

木村：そうか。マスクを付けない人はよく風邪を引くって聞いたから、冬にはちゃんとマスクをつけよう。

今朝、①＿＿＿＿＿＿＿＿＿＿、川の水が凍っていた。私も木村さんも②＿＿＿＿＿＿＿＿、必ず風邪を引く。木村さんは③＿＿＿＿＿＿＿＿＿＿、風邪薬を飲むから、すぐ治ると言った。でも、私は④＿＿＿＿＿＿＿＿＿、すぐ眠くなるから、飲まないこともある。特に車を運転する時に⑤＿＿＿＿＿＿＿＿＿＿、危ないからだ。木村さんは⑥＿＿＿＿＿＿＿＿＿＿、よく風邪を引くから、ちゃんとマスクをつけようと言った。

十一、找出下列句子中有误的部分，画线并改正。

1. この犬は水がほしがっています。

　　＿＿＿＿＿＿＿＿＿＿＿＿＿＿＿＿＿＿

2. この活動は小学生が対象にして開かれています。

　　＿＿＿＿＿＿＿＿＿＿＿＿＿＿＿＿＿＿

3. 王さんはあいさつもしずに、帰ってしまった。

　　＿＿＿＿＿＿＿＿＿＿＿＿＿＿＿＿＿＿

4. おかげさまで、病気はもう治りましたから、お心配は要りません。

　　＿＿＿＿＿＿＿＿＿＿＿＿＿＿＿＿＿＿

5. 真面目に勉強しないと、試験でいい成績が取れなかったよ。

　　＿＿＿＿＿＿＿＿＿＿＿＿＿＿＿＿＿＿

6. 田中さんの優しいさが今まで心に残っています。

　　＿＿＿＿＿＿＿＿＿＿＿＿＿＿＿＿＿＿

十二、将1至4重新排序，组成一篇语义通顺的文章。

日本では結婚したら、夫婦は同じ名字（姓）にします。つまり、片方の名字だけを使うのです。

---

1. しかし、最近は結婚しても名字を変えたくないと思う女性が多くなりました。
2. 普通、女の人が男の人の名字になる場合が多いです。
3. 夫婦が別々の名字を持つことを「夫婦別姓」と言います。
4. 例えば、女性の「長谷川洋子」が男性の「山田次郎」と結婚したら、「山田洋子」になります。

最近、この「夫婦別姓」にしたいと考える夫婦が増えてきたようです。

　　＿＿＿＿＿ →　＿＿＿＿＿ →＿＿＿＿＿ →＿＿＿＿＿

十三、阅读短文，从A、B、C、D中选择最佳选项。

現在の日本では「リサイクル」という①＿＿＿＿＿＿は、「使わなくなったものを回収し、新しい製品を作る原料や材料として利用すること」という意味②＿＿＿＿＿＿使われている。読み終わった新聞や雑誌を③＿＿＿＿＿＿、紙の原料を作り、トイレットペーパー（卫生纸）などの製品④＿＿＿＿＿＿するというのが、一つの例だ。

江戸時代にも、古い紙から新しい紙を作ったりすることはあったが、その量は今⑤＿＿＿＿＿＿多くなかった。原料がたくさんあったからとか、使う人が⑥＿＿＿＿＿＿＿＿からとかいうわけではない。わざわざ古い紙を回収しなくても、人が普通に生活しているうちに、資源が⑦＿＿＿＿＿＿＿循環していたのだ。

なぜ⑧＿＿＿＿＿＿ことができたかといえば、それは、資源のほとんどが植物性のものだったからだ。食べたり、使って捨てたり、燃やしたりしても、それは土に返り、また植物を⑨＿＿＿＿＿＿＿。つまり、植物の自然の循環に⑩＿＿＿＿＿＿＿、人間が生活していたということなのだ。

(　)①　A 仕事　　　　　　B 言葉　　　　　　　C 資源　　　　　　　D 環境
(　)②　A に　　　　　　　B を　　　　　　　　C と　　　　　　　　D で
(　)③　A 集めて　　　　　B 集まって　　　　　C 燃やして　　　　　D 焼いて
(　)④　A が　　　　　　　B を　　　　　　　　C に　　　　　　　　D で
(　)⑤　A より　　　　　　B ほど　　　　　　　C ごろ　　　　　　　D まで
(　)⑥　A 少なかった　　　B 多かった　　　　　C 増えた　　　　　　D 減った
(　)⑦　A 滑らかに　　　　B 自然に　　　　　　C 非常に　　　　　　D 真剣に
(　)⑧　A そう　　　　　　B そのように　　　　C そんな　　　　　　D それ
(　)⑨　A 植える　　　　　B 設ける　　　　　　C 育つ　　　　　　　D 育てる
(　)⑩　A 合い　　　　　　B 合われて　　　　　C 合わせて　　　　　D 合って

十四、默写课文。

話題2

現在、元気なお年寄りが増えています。その人たちはほとんどは寝たきりにならずに「健康で長生き」することを①＿＿＿＿＿＿＿＿＿＿＿＿＿＿＿＿います。ですから、毎日②＿＿＿＿＿＿＿＿＿＿＿＿＿＿＿＿＿＿＿＿＿＿人もたくさんいます。簡単な体操や効果的な散歩の仕方などの話題に③＿＿＿＿＿＿＿＿＿＿＿＿＿＿＿＿＿＿＿＿お年寄りは多いです。④＿＿＿＿＿＿＿＿＿＿＿＿＿＿＿＿＿からは、その方法を聞くのもいいですね。

話題3

お年寄りは若い人にはない⑤＿＿＿＿＿＿＿＿＿＿＿＿＿＿＿＿＿＿＿＿＿＿＿＿います。料理・掃除・洗濯・子育て・ご近所とのトラブル解決法などの話題から、⑥＿＿＿＿＿＿＿＿＿＿＿＿＿＿＿＿＿ものを選んで、話を聞いてみるのも⑦＿＿＿＿＿＿＿＿＿＿＿＿＿＿＿＿ます。若い人から質問されると、お年寄りは⑧＿＿＿＿＿＿＿＿＿＿＿＿＿＿＿＿＿＿いろいろと話してくれると思いますよ。

話題4

年を取ると、現在のことより、過去の出来事を鮮明に思い出す⑨＿＿＿＿＿＿＿＿＿＿ます。思い出を人に話すことはお年寄りにとって⑩＿＿＿＿＿＿＿＿＿です。ボケないための⑪＿＿＿＿＿＿＿＿＿＿＿＿＿ます。ただし、⑫＿＿＿＿＿＿＿＿＿＿＿＿お年寄りが多いので、この種の話題はお互いに十分に時間がある時にしましょう。

第4課　人間と動物

语言知识要点

1. 重点词语

名词	羽根、岸、稲、石油、石炭、資源、税金、義務、教養、柱、チーム、天気予報、スモッグ、恐れ、学問、人口、地元、スタッフ、団体、親友、酸素、事故、遺跡、マナー、クラブ、薬局、敵、常識、軒先、鶏、青年、ミルク、質
动词 V₁	養う、向く、沈む、励む、殺す、繋ぐ、預かる、ぶつかる、無くす、飾る
V₂	崩れる、連れる、乗り換える
V₃	摩擦する、発明する、訪問する、汚染する、注文する、結婚する、引っ越しする、配達する、呼吸する、了解する、見方する、両替する、納得する
形容词 A₁	ぬるい、喧しい
A₂	可哀想、不安、平気
副词	およそ、共に
量词	羽

2. 语法项目

序号	语法项目	含义	例句
1	である	表示断定，是「だ」的郑重说法，用于句尾。一般用于小说、论文等书面语文体中。	白と黒に分かれた体毛が特徴<u>である</u>。
2	～から～にかけて	意为"从……到……"。	19世紀後半<u>から</u>20世紀前半<u>にかけて</u>激減した。
3	お／ご＋V＋する（敬语）	此句型是一种自谦的表达方式，即谦卑地描述自己或自己一方的人的动作。	お電話を<u>お繋ぎします</u>。

（续表）

序号	语法项目	含义	例句
4	でさえ／さえ	表示以极端情况来说明问题，以此推论一般情况。意为"甚至……""连……"。	保護区の職員<u>でさえ</u>雲南ゴールデンモンキーを実際に見たことがありませんでした。
5	Nに（原因）	表示某种心理活动的起因。	今でもそのかわいそうな姿<u>に</u>心が痛みます。
6	Nより／Nによって（原因）	表示事件的原因，意为"由于……""因为……"。	人間は森の破壊・乱獲・汚染など<u>により</u>、一部の動物を絶滅させてしまったのです。
7	Vところだ	表示动作所处的阶段。	ちょうど今から話を聞く<u>ところだ</u>。
8	お／ご+V+ください（敬语）	是「〜てください」的礼貌表达方式，属于尊他敬语，意为"请……"。	<u>お入りください</u>。
9	Vはずだ／Vはずはない	表示有依据的推测，意为"应该……""按说……"。	あそこの銀行で両替ができる<u>はず</u>だ。
10	〜も〜ば、〜も	表示并列，同时列举两件事物，意为"也……也……"。	軒先には鶏<u>もいれば</u>犬<u>も</u>いる。

ステップ1とステップ2

一、听录音，根据录音内容补全句子。每段录音播放2遍。

1. お年寄りに＿＿＿＿＿＿＿＿＿＿のは教養である。
2. 天気予報によると、今日の夕方から明日のお昼にかけて＿＿＿＿＿＿＿＿＿＿があります。
3. 専門家たちは＿＿＿＿＿＿＿＿＿原因を調べています。
4. トキは東アジアに広く分布しており、＿＿＿＿＿＿＿＿鳥であった。
5. ご注文のお弁当を＿＿＿＿＿＿＿ます。
6. 大雨により＿＿＿＿＿＿＿ました。

二、听录音，在与录音内容相符的句子前画〇，不符的画×。录音播放2遍。

（　　）1. 日本では、初めて会った人とよく名刺（名片）を交換します。
（　　）2. 相手の名刺を受け取って、その名前の読み方を聞くのは失礼です。
（　　）3. 最近は名刺に名前の振り仮名を付ける人が多くなりました。
（　　）4. 今の日本人の名前は昔より読みやすくなりました。

🎧 **三、听下面5段录音，每段录音后有1道小题，从题中所给的A、B、C中选择最佳选项。每段录音只播放1遍。**

（　　）1. 男の人の自転車はいくらですか。

　　　　A 3000円　　　　　　　　B 7000円　　　　　　　　C 9000円

（　　）2. 男の人の今の夢は何ですか。

　　　　A 医者　　　　　　　　　B 教師　　　　　　　　　C 漫画家

（　　）3. 寒くなると、この花は何色になりますか。

　　　　A 赤　　　　　　　　　　B 黄色　　　　　　　　　C 茶色

（　　）4. 男の人は何が一番すばらしかったと言っていますか。

　　　　A 3時間もかかって山に登ること

　　　　B 山の上から見える景色

　　　　C 山の上で景色を見ながらコーヒーを飲むこと

（　　）5. 大学一年生がよく「五月病」になるのは、どうしてですか。

　　　　A ストレスがたまりやすいから

　　　　B スポーツや読書をしないから

　　　　C 勉強ばかりしているから

四、用平假名写出下列日语单词的读音。

1. 養う＿＿＿＿＿　　　2. 石油＿＿＿＿＿　　　3. 義務＿＿＿＿＿　　　4. 教養＿＿＿＿＿

5. 摩擦＿＿＿＿＿　　　6. 訪問＿＿＿＿＿　　　7. 学問＿＿＿＿＿　　　8. 励む＿＿＿＿＿

9. 人口＿＿＿＿＿　　　10. 沈む＿＿＿＿＿　　　11. 地元＿＿＿＿＿　　　12. 殺す＿＿＿＿＿

13. 汚染＿＿＿＿＿　　　14. 注文＿＿＿＿＿　　　15. 団体＿＿＿＿＿　　　16. 結婚＿＿＿＿＿

17. 親友＿＿＿＿＿　　　18. 事故＿＿＿＿＿　　　19. 配達＿＿＿＿＿　　　20. 呼吸＿＿＿＿＿

五、将下列中文翻译成日语。

1. 鼻孔朝上（形容人傲慢无礼）＿＿＿＿＿　　　2. 缴纳税金＿＿＿＿＿

3. 人口减少＿＿＿＿＿　　　4. 产生摩擦＿＿＿＿＿

5. 访问大学＿＿＿＿＿　　　6. 发明电灯泡＿＿＿＿＿

7. 钻研学问＿＿＿＿＿　　　8. 保护动物＿＿＿＿＿

9. 推进保护活动＿＿＿＿＿　　　10. 从树上掉落＿＿＿＿＿

11. 保管行李＿＿＿＿＿　　　12. （给他人）添麻烦＿＿＿＿＿

13. 发牢骚＿＿＿＿＿　　　14. 遵守礼仪＿＿＿＿＿

15. 解题＿＿＿＿＿　　　16. 辞职＿＿＿＿＿

17. 身体颤抖＿＿＿＿＿　　　18. 撞上电线杆＿＿＿＿＿

六、仿照示例，使用「～から～にかけて」的表达方式，写出符合题意的句子。

例　中国・10月1日－7日・1週間の連休がある
　　中国では10月1日から7日にかけて、1週間の連休があります。

1.　天気予報・明日・天津―北京・大雨の恐れがある
　　＿＿＿＿＿＿＿＿＿＿＿＿＿＿＿＿＿＿＿＿＿＿＿＿＿。

2.　天気予報・今晩―明日の朝・台風が上陸する
　　＿＿＿＿＿＿＿＿＿＿＿＿＿＿＿＿＿＿＿＿＿＿＿＿＿。

3.　7月―8月・1か月ぐらいアルバイトをする予定だ
　　＿＿＿＿＿＿＿＿＿＿＿＿＿＿＿＿＿＿＿＿＿＿＿＿＿。

4.　テレビのニュース・北陸―東北・大雪の被害を受けた
　　＿＿＿＿＿＿＿＿＿＿＿＿＿＿＿＿＿＿＿＿＿＿＿＿＿。

5.　兄・小学校―高校・成績がクラスのトップだった
　　＿＿＿＿＿＿＿＿＿＿＿＿＿＿＿＿＿＿＿＿＿＿＿＿＿。

6.　中国・毎年の6月6日―10日・大学の入学試験が行われる
　　＿＿＿＿＿＿＿＿＿＿＿＿＿＿＿＿＿＿＿＿＿＿＿＿＿。

七、假设明天公司将要接待重要来宾，仿照示例，使用「お／ご＋V＋する（敬语）」的表达方式，向社长汇报接待来宾的日程安排。

例　AM8:30　空港でお客さんを迎える
　　明日、午前8時半に空港でお客さんをお迎えします。

1.　AM9:30　社内を案内する
　　＿＿＿＿＿＿＿＿＿＿＿＿＿＿＿＿＿＿＿＿＿＿＿＿＿。

2.　AM10:00　ティータイム（茶歇）を用意する
　　＿＿＿＿＿＿＿＿＿＿＿＿＿＿＿＿＿＿＿＿＿＿＿＿＿。

3.　AM10:30　プロジェクト（项目）について相談する
　　＿＿＿＿＿＿＿＿＿＿＿＿＿＿＿＿＿＿＿＿＿＿＿＿＿。

4.　12:00　食堂へ案内する
　　＿＿＿＿＿＿＿＿＿＿＿＿＿＿＿＿＿＿＿＿＿＿＿＿＿。

5.　PM2:00　会議室へ案内する
　　＿＿＿＿＿＿＿＿＿＿＿＿＿＿＿＿＿＿＿＿＿＿＿＿＿。

6.　PM3:00　記念写真を撮る
　　＿＿＿＿＿＿＿＿＿＿＿＿＿＿＿＿＿＿＿＿＿＿＿＿＿。

7.　PM4:00　空港まで送る
　　＿＿＿＿＿＿＿＿＿＿＿＿＿＿＿＿＿＿＿＿＿＿＿＿＿。

八、从A、B、C、D中选择最佳选项。

（　　）1. 日本に来て初めて、地震の恐ろしさ＿＿＿＿＿驚いた。

       A を　　　　　　　　B に　　　　　　　　C で　　　　　　　　D が

（　　）2. 雲南ゴールデンモンキーは笑うこともでき、人間の表情＿＿＿＿＿とても似ています。

       A を　　　　　　　　B が　　　　　　　　C で　　　　　　　　D に

（　　）3. 佐藤さんは親＿＿＿＿＿知らせないで、旅行に出かけた。

       A さえ　　　　　　　B でも　　　　　　　C にさえ　　　　　　D にでも

（　　）4. 田舎に住んでいる祖母はにわとりを10＿＿＿＿＿飼っています。

       A 只　　　　　　　　B 匹　　　　　　　　C 羽　　　　　　　　D 頭

（　　）5. 自動車産業は日本経済の＿＿＿＿＿である。

       A はしら　　　　　　B しげん　　　　　　C えだ　　　　　　　D けむり

（　　）6. 今日から明日に＿＿＿＿＿、強い風が吹くそうです。

       A かかって　　　　　B かけて　　　　　　C つけて　　　　　　D ついて

（　　）7. 行くか行かないかは、明日の天気に＿＿＿＿＿決めよう。

       A よって　　　　　　B ついて　　　　　　C とって　　　　　　D 対して

（　　）8. ＿＿＿＿＿は日本の国技の一つである。

       A 柔道　　　　　　　B 演歌　　　　　　　C 相撲　　　　　　　D 俳句

九、从方框中选择合适的单词补全句子。（每个单词只用1次）

文化	地震	風邪	環境保護	大雨	不注意

1. ＿＿＿＿＿＿＿＿により、たくさんの建物が倒れた様子を見て、驚きました。

2. ＿＿＿＿＿＿＿＿のおかげで、野生動物の数が増えてきた。

3. 外国人と交流する時、＿＿＿＿＿＿＿＿による言語習慣の違いに気をつけなければならない。

4. 冬になると、幼稚園や学校では＿＿＿＿＿＿＿＿による欠席が多くなります。

5. 高速道路では居眠りや＿＿＿＿＿＿＿＿による事故が多いので、ご注意ください。

6. この町は、夏になると＿＿＿＿＿＿＿＿による洪水がよく起こります。

十、仿照示例，使用「Vところだ」的表达方式写出答句。

例 もう昼ご飯を食べましたか。

  （今から）→いいえ、今から食べるところです。

   （今）　→今、食べているところです。

  （さっき）→はい、さっき食べたところです。

1. もう宿題の作文を書きましたか。（今）

  ＿＿＿＿＿＿＿＿＿＿＿＿＿＿＿＿＿＿＿＿＿＿＿＿＿＿。

2. もう部屋の掃除をしましたか。（今から）

  ＿＿＿＿＿＿＿＿＿＿＿＿＿＿＿＿＿＿＿＿＿＿＿＿＿＿。

3. 風邪薬はもう飲みましたか。（さっき）

　　_____。

4. 昨日の事故の原因はもう調べましたか。（今）

　　_____。

5. 日本からの荷物はもう届きましたか。（昨日）

　　_____。

6. 新しいアパートはもう見つかりましたか。（これから）

　　_____。

十一、默写课文。

　　あれから龍さんは仲間たちと一緒に、地元の人々に動物保護を宣伝しながら、ゴールデンモンキーの①_____きました。幸い、②_____今では、雲南ゴールデンモンキーの生息数は3500頭③_____います。しかし、今最も困っていることは、④_____です。なぜならば、森がなくなれば、⑤_____ゴールデンモンキーは、⑥_____たり、⑦_____たりすることが難しくなるからです。

　　人間は森林の破壊・乱獲・汚染などにより、一部の動物を絶滅させてしまったのです。現在、中国では国を挙げて⑧_____います。中国政府は、「野生動物保護法」などの法律を発布して、絶滅に直面している⑨_____いるところです。みなさんも⑩_____ために自分にできることを考えてみましょう。

ステップ3とステップ4

🎧 **一、听录音，根据录音内容补全句子。每段录音播放2遍。**

1. 私にとって、_____は楽しいことです。
2. 室内での喫煙は_____ください。
3. 田中さんは選挙で私の_____くれた。
4. この服は_____ば_____。
5. もう高校生だから、これぐらいの_____はずだ。
6. _____に、部屋の掃除をした。

🎧 **二、听录音，在与录音内容相符的句子前画〇，不符的画×。录音播放2遍。**

（　　）1. 私の町では、朝8時前にゴミを出さなければならない。

（　　）2. 燃えるゴミは毎週の月曜日と金曜日に出します。

（　　）3. プラスチックのゴミは毎週の火曜日に出します。

（　　）4. リサイクルできるゴミは毎週の火曜日に出します。

三、听下面3段录音，每段录音后有2道小题，从题中所给的A、B、C中选择最佳选项。每段录音播
　　放2遍。

（　　）1. 夫婦が話しています。子供の卒業式はいつですか。

　　　　　　A 3月7日　　　　　　　　　　B 3月11日　　　　　　　　　　C 3月17日

（　　）2. 子供の卒業式にはどうすることにしましたか。

　　　　　　A 父が行く。　　　　　　　　B 母が行く。　　　　　　　　　C 誰も行かない。

（　　）3. 会社で男の人と女の人が話しています。女の人はこれからまず何をしますか。

　　　　　　A 会議の資料をコピーする。

　　　　　　B 会議室を予約する。

　　　　　　C 中国語ができる人を探す。

（　　）4. 明日の通訳は誰に頼むことにしましたか。

　　　　　　A 女の人　　　　　　　　　　B 山田課長　　　　　　　　　　C 高橋さん

（　　）5. 女の人は飲み物は何を頼みますか。

　　　　　　A コーヒー　　　　　　　　　B 紅茶　　　　　　　　　　　　C コーラ

（　　）6. 男の人はお金をいくら払いますか。

　　　　　　A 200円　　　　　　　　　　B 1000円　　　　　　　　　　　C 1200円

四、用平假名写出下列日语单词的读音。

1. 不安＿＿＿＿＿＿　　　2. 平気＿＿＿＿＿＿　　　3. 了解＿＿＿＿＿＿　　　4. 飾る＿＿＿＿＿＿

5. 納得＿＿＿＿＿＿　　　6. 常識＿＿＿＿＿＿　　　7. 青年＿＿＿＿＿＿　　　8. 味方＿＿＿＿＿＿

9. 敵＿＿＿＿＿＿　　　　10. 鶏＿＿＿＿＿＿

五、将下列中文翻译成日语。

1. 照顾小狗＿＿＿＿＿＿＿＿＿＿＿＿＿＿＿　　2. 养宠物＿＿＿＿＿＿＿＿＿＿＿＿＿＿＿＿

3. 向后退＿＿＿＿＿＿＿＿＿＿＿＿＿＿＿＿　　4. 性格开朗＿＿＿＿＿＿＿＿＿＿＿＿＿＿＿

5. 质量好＿＿＿＿＿＿＿＿＿＿＿＿＿＿＿＿　　6. 遛狗＿＿＿＿＿＿＿＿＿＿＿＿＿＿＿＿＿

7. 换乘地铁＿＿＿＿＿＿＿＿＿＿＿＿＿＿＿　　8. 输给敌人＿＿＿＿＿＿＿＿＿＿＿＿＿＿＿

9. 蔬菜腐烂了＿＿＿＿＿＿＿＿＿＿＿＿＿＿　　10. 在房间里布置照片＿＿＿＿＿＿＿＿＿＿＿

六、将左右两列内容连线，组合成语义通顺的一句话。

1. 最近、忙しくて、　　　　　　　　　　　小学生でさえ解ける。

2. 祖母は去年から足が弱くなって、　　　　日本人でさえうまく使えない人がいる。

3. 弟は家族にさえ言わないで、　　　　　　水さえ飲めない。

4. この問題は簡単だから、　　　　　　　　歩くことさえできない。

5. 日本語の敬語は難しくて、　　　　　　　会社をやめてしまった。

6. 喉が痛くて、　　　　　　　　　　　　　自分の誕生日さえ忘れてしまった。

七、从A、B、C、D中选择最佳选项。

( ) 1. こんな説明＿＿＿＿なかなか納得できませんよ。

    A では   B には   C から   D ので

( ) 2. 先週のサッカーの試合では、相手のチーム＿＿＿＿負けてしまった。

    A を   B に   C で   D へ

( ) 3. 朝ご飯は10時までとなっておりますので、ご＿＿＿＿ください。

    A 納得   B 配達   C 了解   D 想像

( ) 4. 2022年現在、中国では2200＿＿＿＿あまりのジャイアンドパンダが生息している。

    A 本   B 匹   C 羽   D 頭

( ) 5. この薬は駅前の薬局でお＿＿＿＿ください。

    A 預かり   B 繋ぎ   C 求め   D 養い

( ) 6. 甲：あの犬、足にけがをしたね。

    乙：本当だ。＿＿＿＿ね。

    A かわいい   B かわいそうだ   C たいくつだ   D おそろしい

( ) 7. うちのペットは喜んだり怒ったりして、よく私たちに＿＿＿＿自分の気持ちを示します。

    A たいして   B とって   C ついて   D よって

( ) 8. このかばんは値段も安ければ、デザインも＿＿＿＿。

    A 悪い   B 高い   C 詳しい   D いい

八、仿照示例，使用「お／ご＋V＋ください」的表达方式补全句子。

（学生会成员铃木正在向留学生介绍元旦联欢会的相关安排。）

例 土曜日のパーティーには、できるだけ＿ご出席ください＿。（出席する）

1. 会場には7時までに＿＿＿＿＿＿＿＿＿。（集まる）

2. スタッフに招待状を見せて、会場に＿＿＿＿＿＿＿＿＿。（入る）

3. 何かあった時は、佐藤さんに＿＿＿＿＿＿＿＿＿。（連絡する）

4. 当日、一人当たり2000円の会費をいただきますので、＿＿＿＿＿＿＿＿＿。（用意する）

5. パーティーの場所や時間など、周りの人たちに＿＿＿＿＿＿＿＿＿。（伝える）

6. 久しぶりのパーティーですので、思い切り＿＿＿＿＿＿＿＿＿。（楽しむ）

九、仿照示例，使用「Vはずだ」的表达方式，回答新同学田中的问题。

例 田中：明日、図書館は開いていますか。（○／明日は金曜日）

    あなた：はい、明日は金曜日だから、開いているはずです。

1. 田中：学校のプールは週末も利用できますか。（○／毎日開いている）

    あなた：＿＿＿＿＿＿＿＿＿＿＿＿＿＿＿＿＿＿＿＿＿

2. 田中：日曜日、食堂は開いていますか。（×／学校は休み）

    あなた：＿＿＿＿＿＿＿＿＿＿＿＿＿＿＿＿＿＿＿＿＿

3.　田中：学校の部活は留学生も参加できますか。（〇／誰でも参加できる）

　　あなた：_____

4.　田中：夜11時に帰っても寮に入れますか。（×／寮の門限_{もんげん}は10時だ）

　　あなた：_____

5.　田中：放課後、体育館で運動することができますか。（〇／体育館は夕方７時に閉まる）

　　あなた：_____

6.　田中：学生は学校のインターネットを利用できますか。（×／教職員専用_{きょうしょくいんせんよう}）

　　あなた：_____

十、使用「Vはずはない」的表达方式，在横线上填写合适的内容补全句子。

1. わたしは今お金もないし、時間もないし、旅行に_____はずはない。
2. これは高校の問題でしょう。ぼくはまだ中学生だから、ぼくに_____はずはないよ。
3. こんなまずいお菓子がよく_____はずはない。
4. わたしは単語を覚えることが苦手だ。これらの単語を明日までに全部_____はずはない。
5. このゲーム機は君の部屋にあったんだよ。君が_____はずはないよ。
6. とても大事な約束だから、_____はずはないよ。

十一、在横线上填写适当的内容补全句子。（答案不唯一）

1. 私の町には_____もあれば、_____もある。
2. このレストランは味も_____ば、値段も_____です。
3. 人生には_____もあれば、_____もある。
4. 学校の食堂には_____もあれば、_____もあります。
5. 高校の勉強は_____も必要ならば、_____も大切です。
6. 田中さんは_____も_____ば、_____も_____です。

十二、找出下列句子中有误的部分，画线并改正。

1. それでは、後でまたご電話します。

　_____

2. 一番信頼している友達さえ騙されて、本当に悲しかった。

　_____

3. 田中：佐藤さん、旅行の準備はもうできた？

　佐藤：ううん、これから準備しているところだよ。

　_____

4. お客様、ここにお名前とご住所をお書いてください。

　_____

5. この靴はデザインもよければ、質も悪い。

　_____

十三、将1至4重新排序，组成一段语义通顺的短文。

1. 相手の目を見て話すことでしょうか。誰にでも分かる易しい言葉で話すことでしょうか。

2. 内容に少しでも不確かなことがあったら、そのままにしないで、調べたり考えたりする習慣を身につけましょう。

3. 相手に自分の言いたいことを分かりやすく伝えるために、最も大切なことは何だと思いますか。

4. 自分の言いたいことを相手にきちんと伝えるには話し方や表現も大切ですが、まずは伝えたい内容を自分自身が深く理解しておくことです。

_____ → _____ → _____ → _____

十四、阅读短文，从A、B、C、D中选择最佳选项。

先日、新聞①_____「国民の幸福度調査」の結果を見ました。仕事や教育、健康などに②_____、国民がどのぐらい「幸せだ」と感じているかを数字で③表して、国際的に比較したものです。日本は19位で、先進国の中では、かなり④_____順位でした。驚いたというより、「⑤_____」と思いました。私も含め、日本人はあまり幸せだと感じていないようです。

⑥_____、GDPが日本の20分の１というブータン（不丹）王国では、なんと国民の95⑦%が「幸せだ」と感じているということです。そして、何⑧_____あれば幸せと感じるかというと、「いい人間関係」でした。ブータンでは、地域が一つの家族の⑨_____支え合って生活しているのだそうです。「健康とお金と家族があれば幸せ」と感じる日本人とは⑩_____、ブータンの人の幸せに「お金」はあまり関係なさそうです。日本人も、そろそろ幸せの価値観を見直したほうがいいのではないでしょうか。

( ) ① A に　　　　　　B で　　　　　　C が　　　　　　D を
( ) ② A ついて　　　　B たいして　　　C とって　　　　D よって
( ) ③「表し」の正しい読み方はどれですか。
　　　　A あわし　　　　B あらし　　　　C あらわし　　　D あわらし
( ) ④ A 高い　　　　　B 低い　　　　　C いい　　　　　D 悪い
( ) ⑤ A かなり　　　　B びっくり　　　C ほとんど　　　D やっぱり
( ) ⑥ A そして　　　　B それで　　　　C でも　　　　　D だから
( ) ⑦「%」は日本語でどう言いますか。
　　　　A パセント　　　B パーセント　　C バーセント　　D パセーント
( ) ⑧ A は　　　　　　B が　　　　　　C で　　　　　　D を
( ) ⑨ A ように　　　　B ような　　　　C そうに　　　　D そうな
( ) ⑩ A 同じで　　　　B 間違って　　　C 違って　　　　D 連れて

十五、默写课文。

小野：ペットの世話は大変ですよね。私は犬を飼って分かりました。

　李：そうですね。毎日①_____たり、②_____たりする必要がありま

すからね。

小野：ええ、犬の場合、③＿＿＿＿＿＿＿＿＿＿が不可欠ですからね。

　李：そうですね。

小野：でも、毎日楽しいです。家の犬の名前はハチっていうのですが、ハチに「かわいいね」とか「いい子だね」って言うと、まるで④＿＿＿＿＿＿＿＿＿＿かのような表情もすれば、⑤＿＿＿＿＿＿＿＿＿＿てくるんですよ。

　李：ペットは人の⑥＿＿＿＿＿＿＿＿＿＿のですね。

小野：ええ、ハチは感情があって⑦＿＿＿＿＿＿＿＿＿＿するのですよ。クンクンと鳴いている時には「⑧＿＿＿＿＿＿＿＿＿＿のかな」とか、いつもとは違う様子の時には「⑨＿＿＿＿＿＿＿＿＿＿のかな」と不安になります。

　李：ハチは大事な家族ですね。

小野：ええ、そうです。ハチを飼ってから、⑩＿＿＿＿＿＿＿＿＿＿ような気がします。以前は知らない人とは⑪＿＿＿＿＿＿＿＿＿＿ですが、今はハチを散歩に連れて行く時、ほかの犬の飼い主とよく話をします。

　李：そうですね。そう言えば、私も猫を飼うようになってから、⑫＿＿＿＿＿＿＿＿＿＿ように感じます。家族もよくペットの話をするので、⑬＿＿＿＿＿＿＿＿＿＿ことも以前よりずっと増えました。

小野：ペットに感謝しなければなりませんね。

　李：ほんとうに感謝しています。

第一单元总结

 一、听力

第一节：听下面7段录音，每段录音后有1道小题，从题中所给的A、B、C三个选项中选择与录音内容相符的选项。每段录音只播放1遍。

（　　）1. 男の人はこれから何を試しますか。

A 本を読むこと　　　　　　B 日記をつけること　　　C 自分の考えを図や表にすること

（　　）2. 天気がどう変わりましたか。

A 0度→マイナス10度→マイナス5度

B 0度→マイナス5度→マイナス10度

C 0度→マイナス10度→マイナス15度

（　　）3. 女の人は子供に何をさせたいと言っていますか。

A 　好きなことをさせる。　　B 運動させる。　　　　　C 運動と家事をさせる。

（　　）4. 李さんはどうして会社を辞めたのですか。

A 課長にならなかったから

B 料理人になりたいから

C 給料が安く仕事が忙しいから

（　　）5. おもちゃはどうしてまた動くようになったのですか。

A ボタンを長く押したから

B おもちゃの手を動かしたから

C おもちゃの足を動かしたから

（　　）6. 李さんについて正しいのはどれですか。

A 昨日、上海に行きました。

B 上海から帰ってきました。

C 兄弟と買い物をしています。

（　　）7. 女の人はどこで曲がりますか。

A 2番目の交差点で右に曲がる。

B 2番目の交差点で左に曲がる。

C 3番目の交差点で右に曲がる。

第二节：听下面4段录音，每段录音后有2道小题，从题中所给的A、B、C三个选项中选出最佳选项。每段录音播放2遍。

（　　）8. 男の人が最近していないことはどれですか。

　　　　　A ゲームをすること　　　　　B 友達と遊びに行くこと　　　C まじめに勉強すること

（　　）9. 女の人はどんなアドバイスをしましたか。

　　　　　A 楽しく勉強すること

　　　　　B 目標を忘れず頑張ること

　　　　　C 大学に入ること

（　　）10. インターネットはどんな存在ですか。

　　　　　A いい面しかない。　　　　　B 悪い面しかない。　　　　　C いい面と悪い面がある。

（　　）11. 私たちはインターネットをどう利用すればいいですか。

　　　　　A 自己管理に気を付ける。

　　　　　B できるだけたくさん利用する。

　　　　　C できるだけ利用しない。

（　　）12. 女の人はいつ沖縄に行きますか。

　　　　　A 冬休み　　　　　　　　　　B 春休み　　　　　　　　　　C 夏休み

（　　）13. 2月の沖縄はどんな天気ですか。

　　　　　A 風は冷たいが、10度を切ることは少ない。

　　　　　B 風は冷たいが、10度を切ることはよくある。

　　　　　C 風は冷たくなく、10度を切ることも少ない。

（　　）14. 男の人の取っていない勉強方法は次のどれですか。

　　　　　A 単語を覚える。　　　　　　B テキストを暗唱する。　　　C 歌を歌うこと。

（　　）15. 女の人はどんなアドバイスをしましたか。

　　　　　A 日本人とたくさん話すこと

　　　　　B 積極的に日本語を話すこと

　　　　　C クラスメートと一緒に日本語を勉強すること

二、从括号中选择正确的单词填写在横线上。

1. 日本語の聞く能力を上げるには何か＿＿＿＿＿がありますか。（コツ　コスト　スーツ）

2. 私はいつも好きな音楽を聞くことで＿＿＿＿＿を解消します。（リラックス　ストレス　ニーズ）

3. この商品の＿＿＿＿＿をテレビで見たことがある。（コンサート　プラスチック　コマーシャル）

4. 新聞紙など＿＿＿＿＿できるゴミを資源ごみと言います。（システム　リサイクル　スモッグ）

5. 年寄りにとって、過去の思い出を人に話すことはボケないための＿＿＿＿＿にもなります。（トラブル　トレーニング　ジョギング）

6. この大学の＿＿＿＿＿はとても広いです。（キャンパス　スタッフ　メンバー）

7. 普段、体だけでなく、心の健康にも＿＿＿＿＿を持たなければならない。（感動　関心　感心）

8. 今の＿＿＿＿＿で頑張っていけば、きっと勝ちますよ。（ひがえり　おうえん　いきおい）

9. 私は中国の古い建物に＿＿＿＿＿＿＿があります。（きょうみ　しゅみ　たのしみ）

10. 晩ご飯の＿＿＿＿＿＿＿はまだだから、しばらく待ってね。（ようじ　したく　しだい）

11. 母は毎日寝たきり（瘫痪在床）の祖母のために＿＿＿＿＿＿＿を焼いています。（はじ　せわ　ちえ）

12. 明日、東北地方では大雪の＿＿＿＿＿＿＿があります。（おもいで　わかもの　おそれ）

三、从方框中选择合适的动词并改为适当的形式，补全句子。（每个单词只用1次）

> 望む　溜まる　果たす　見直す　削る　表す　寄る　好む　伸ばす　暮れる

1. 勉強や仕事で忙しい時はストレスが＿＿＿＿＿＿＿やすいです。

2. 会社の経営が困難なため、来年の予算を＿＿＿＿＿＿＿なければなりません。

3. これから髪の毛を長く＿＿＿＿＿＿＿うと思っています。

4. この辺りは、日が＿＿＿＿＿＿＿と、静かになります。

5. 将来、漫画家になって、たくさんの子供たちに＿＿＿＿＿＿＿れる漫画を描きたいです。

6. 兄は前から＿＿＿＿＿＿＿いた大学に受かって、とても喜んでいる。

7. 長年頑張り続けて、ついに夢を＿＿＿＿＿＿＿ことができました。

8. 日本では初対面（しょたいめん）の人や目上の人に敬語を使うことで、相手への敬意を＿＿＿＿＿＿＿ます。

9. 奈良公園では、鹿に餌をあげると、たくさんの鹿が＿＿＿＿＿＿＿きます。

10. 先輩の時間管理についての話を聞いてから、自分の時間の使い方を＿＿＿＿＿＿＿ようになった。

四、从方框中选择合适的二类形容词并改为适当的形式，补全句子。（每个单词只用1次）

> 派手　新た　真剣　正直　滑らか　退屈　不安　平気

1. もう高校生だから、将来何をしたいかについて＿＿＿＿＿＿＿考えなければなりません。

2. 兄はとても＿＿＿＿＿＿＿人だから、彼の話は信頼できます。

3. 王さんはたくさんの人の前で、＿＿＿＿＿＿＿日本語でスピーチをしました。

4. 佐藤さんはよく赤や黄色など＿＿＿＿＿＿＿服を買います。

5. 姉は辛いものが好きで、唐辛子（とうがらし）をたくさん食べても＿＿＿＿＿＿＿です。

6. インターネットの普及にしたがって、＿＿＿＿＿＿＿問題が生み出されました。

7. 今の仕事は＿＿＿＿＿＿＿なので、もっと面白い仕事を探したいと思います。

8. 試験が終わって結果が出るまで、とても＿＿＿＿＿＿＿でした。

五、从方框中选择合适的一类形容词并改为适当的形式，补全句子。（每个单词只用1次）

> 細かい　鋭い　恐ろしい　苦い　辛い　臭い　温い　喧しい

1. このお茶は20分前に入れたもので、もう＿＿＿＿＿＿＿なりました。

2. 昨日の夜中、庭で変な音がして、＿＿＿＿＿＿＿て声も出せなかった。

3. 肉屋さんは＿＿＿＿＿＿＿刀で肉を切っています。

4. 隣の子供の話し声や泣き声が＿＿＿＿＿＿＿て、静かなところへ引っ越したいです。

5. この薬は＿＿＿＿＿＿＿て、とても飲みにくいです。

6. この料理には唐辛子がいっぱい入っていて、とても＿＿＿＿＿＿そうですね。

7. 三日間も熱を出して、お風呂に入らなかったので、体から汗＿＿＿＿＿＿においがします。

8. 白菜やネギなどを＿＿＿＿＿＿切って、餃子の餡（あん）を作ります。

六、选出画线部分用法不恰当的一项。

（　　）1. やがて

A 春節も過ぎたから、やがて春が来るでしょう。

B 今まで頑張ってきたから、やがて夢が実現できるでしょう。

C 星がたくさん出ているから、明日はやがていい天気になるでしょう。

D 日本語を勉強し始めてから、やがて4年になります。

（　　）2. あっさり

A 友達との約束をあっさりと忘れてしまった。

B サッカーの試合で相手のチームにあっさり負けてしまって、悔しかった。

C 朝ご飯はいつもお粥などあっさりしたものを食べます。

D 日本料理は中国料理と比べると、味があっさりしているほうです。

（　　）3. ますます

A 連続して3日も雨が降ったので、川の水がますます多くなった。

B 高校に入って、勉強の内容がますます難しくなった。

C 弟は小さい時はよく病気をしたが、運動を始めてから、ますます元気になった。

D 試験でいい成績が取れなくて、ますます残念です。

（　　）4. ついに

A 隣の部屋からついに叫び声がしてびっくりした。

B 山田教授は長年の努力を通して、ついに研究を完成させました。

C 友達の張さんは私の誕生会についに来てくれなかった。

D 半年前から待っていた家族旅行の日がついに来た。

（　　）5. なるべく

A 日本語の授業ではなるべく日本語で話すようにしています。

B 明日は重要な会議があるので、朝なるべく早く来てください。

C 今勉強している科目の中で、英語がなるべく好きです。

D これから週末はなるべく子供と一緒に過ごそうと思っています。

（　　）6. 最も

A 山下さんはクラスで最も足が速い人です。

B 親に対する話し方がよくなかったから、最も親が怒るのだ。

C 重慶市は中国で常駐（じょうちゅう）人口が最も多い町です。

D この辺りは今回の地震で被害が最も大きい地域です。

（　　）7. およそ

    A 田中さんの話を聞いて、事件の<u>およそ</u>が分かった。

    B 私の家は駅から<u>およそ</u>5キロ離れたところにあります。

    C 町掃除のボランティア活動には<u>およそ</u>100人ぐらいの人が参加した。

    D もう3時だから、母は<u>およそ</u>帰ってくるでしょう。

七、使用「疑问词＋でも」的表达方式，补全对话。

1. 工藤：李さん、何か食べられないものはありませんか。

    李：いいえ、＿＿＿＿＿＿＿＿＿食べます。

2. 甲：ジュースとコーヒーとどちらがいいですか。

    乙：＿＿＿＿＿＿＿＿＿いいですよ。

3. 甲：先輩、経験話をいろいろと聞かせてくださって、ありがとうございます。

    乙：いいえ、分からないことがあったら、＿＿＿＿＿＿＿＿＿聞いてください。

4. 学生：先生、先生と相談したいことがあるんですが、明日何時（なんじ）がいいですか。

    先生：午後なら、＿＿＿＿＿＿＿＿＿いいですよ。

5. 甲：あのう、学生でもこのボランティアに参加できますか。

    乙：このボランティアは16歳以上の人は＿＿＿＿＿＿＿＿＿参加できます。

6. 夫：今度の連休の時、どこかへ遊びに行こうか。

    妻：いいわよ。行ったことがないところだったら、＿＿＿＿＿＿＿＿＿いいよ。

八、使用「Vずに」的表达方式，补全对话。

1. 甲：ああ、おなかが空いたなあ。

    乙：まだ10時だよ。もう空いたの。

    甲：実は、今朝遅かったので、朝ご飯を＿＿＿＿＿＿＿＿＿＿来たんだよ。

2. 甲：あっ！

    乙：どうしたの？

    甲：朝、電気を＿＿＿＿＿＿＿＿＿＿＿家を出ちゃったかもしれない！

    乙：そうなの？

3. 甲：このごろは仕事が忙しくて毎日帰りが遅いんだよ。昨日も11時に帰って、疲れていて、お風呂にも＿＿＿＿＿＿＿＿＿＿＿寝ちゃったんだよ。

    乙：大変だね。私もそういう時があるよ。

4. 甲：昨日は雨がひどかったですよね。

    乙：ええ。朝はいい天気だったから、傘を＿＿＿＿＿＿＿＿＿＿家を出てしまったんですよ。帰ろうとした時に雨が降り出して、会社で雨が止むのをずっと待っていました。

    甲：そうでしたか。私も朝、うっかりして窓を＿＿＿＿＿＿＿＿＿＿＿出かけてしまったんですよ。帰ったら、部屋の中が濡れていて大変でした。

九、从方框中选择合适的表达方式，补全句子。（可重复使用）

よって　　ついて　　たいして　　とって　　沿って　　として

1. 私は今、留学生＿＿＿＿＿日本の大学で勉強している。

2. 衣食住の文化は国や地域に＿＿＿＿＿違います。

3. これから、私の町に＿＿＿＿＿＿紹介します。

4. 健康は誰に＿＿＿＿＿も、何よりも大事なことでしょう。

5. 山田先生は10年前からアジアの国々の経済に＿＿＿＿＿研究しています。

6. 目上の人に＿＿＿＿＿、丁寧な言い方をしなければなりません。

7. 森の破壊、環境汚染などに＿＿＿＿＿、一部の動物が絶滅した。

8. 試験に失敗した私に＿＿＿＿＿は、両親や友達の励ましが何よりありがたいです。

9. この工場では国の食品安全基準に＿＿＿＿＿、食品が作られている。

10. 昔は成績に＿＿＿＿＿クラスを分けることが多かった。

十、选出与例句中的画线部分用法相同的一项。

（　　）1. 例 この道をまっすぐ行くと、赤い建物が見えます。

　　　　　A 大雨が降ったので、明日の運動会は中止となりました。

　　　　　B このボタンを押すと、ドアが開きます。

　　　　　C 朝、窓を開けると、雨が降っていた。

　　　　　D 弟は部屋に入ると、すぐテレビをつけた。

（　　）2. 例 毎年自然災害に苦しんでいる人が少なくないでしょう。

　　　　　A 旅行の記念に写真をたくさん撮った。

　　　　　B 医者に注意されて、タバコをやめることにした。

　　　　　C ずっと望んでいた大学に合格できて、あまりのうれしさに涙を流した。

　　　　　D 母はスーパーへ野菜や肉などを買いに行った。

（　　）3. 例 不況の影響によって、会社の経営が悪化した。

　　　　　A 当日の天気によって山に行くか海に行くか決めます。

　　　　　B この本は有名な作家莫言によって書かれた。

　　　　　C 田舎では大雪によって倒れた家屋もある。

　　　　　D 人によって性格や趣味などが違う。

（　　）4. 例 両親はどんな時でも、私を応援してくれます。

　　　　　A 私はいつでもいいですから、ぜひ遊びに来てください。

　　　　　B 映画が始まるまでまだ時間がありますから、コーヒーでも飲みましょうか。

　　　　　C 祖父は水泳が好きで、冬でもよく泳ぎに行きます。

　　　　　D 少しでもいいからお金を貸してください。

（　　）5. 例 子供は大人より体温が高いため、少し薄着しても大丈夫です。

　　　　　A 日本語を勉強するために、辞書を買った。

B 父は家族のために一生懸命に働いている。

C これはみんなのためを考えてやったことです。

D 連絡が遅れたため、友達に謝った。

十一、从A、B、C、D中选择最佳选项。

(　　) 1. 生徒たちは一歩一歩自分の目標＿＿＿＿＿近づこうとして、頑張っています。

       A が　　　　　　　　B を　　　　　　　　C に　　　　　　　　D で

(　　) 2. 今は野菜＿＿＿＿嫌がる子供が少なくないそうです。

       A が　　　　　　　　B を　　　　　　　　C に　　　　　　　　D は

(　　) 3. 両親はどんな時＿＿＿＿、私を応援してくれます。

       A にも　　　　　　　B とか　　　　　　　C では　　　　　　　D でも

(　　) 4. 最近は忙しくて、親に電話する時間＿＿＿＿ありません。

       A さえ　　　　　　　B とか　　　　　　　C ばかり　　　　　　D でも

(　　) 5. 先生は毎日学生＿＿＿＿単語＿＿＿＿覚えさせます。

       A に・に　　　　　　B を・を　　　　　　C に・を　　　　　　D を・に

(　　) 6. 風邪はもう治りましたから、＿＿＿＿＿は要りませんよ。

       A お心配　　　　　　B ご心配　　　　　　C お安心　　　　　　D ご安心

(　　) 7. 田舎から初めて上海に行った時は、町の＿＿＿＿＿に驚きました。

       A 静かさ　　　　　　B 寂しさ　　　　　　C 賑やかさ　　　　　D 恐ろしさ

(　　) 8. 説明が＿＿＿＿と、ますます理解しにくくなります。

       A 複雑　　　　　　　B 複雑な　　　　　　C 複雑さ　　　　　　D 複雑だ

(　　) 9. 私は＿＿＿＿＿体質なので、なかなか痩せられません。

       A 太りにくい　　　　B 太りやすい　　　　C 太いにくい　　　　D 太いやすい

(　　)10. 私の町はほかの町と比べて、環境がきれいな＿＿＿＿＿だと思います。

       A ため　　　　　　　B よう　　　　　　　C ほう　　　　　　　D おかげ

(　　)11. 健康に敏感な人は、特に「食」の話題に大きな関心を＿＿＿＿＿ます。

       A 寄せ　　　　　　　B 寄り　　　　　　　C 押し　　　　　　　D 養い

(　　)12. この服は昨日洗った＿＿＿＿＿、もう汚くなった。

       A ばかりだから　　　B ばかりの　　　　　C ばかりなので　　　D ばかりなのに

(　　)13. 弟は勉強を怠けて、父を＿＿＿＿＿。

       A 怒った　　　　　　B 怒らなかった　　　C 怒らせた　　　　　D 怒られた

(　　)14. 兄はスポーツも得意ならば、勉強の成績も＿＿＿＿＿。

       A 得意だ　　　　　　B 上手だ　　　　　　C よくない　　　　　D いい

(　　)15. 佐藤さんは去年、火事によって、家を＿＿＿＿＿しまった。

       A 無くなって　　　　B 無くして　　　　　C 亡くなって　　　　D 消えて

(　　)16. 中国では、高齢化社会を迎えていて、これからお年寄りの人数はもっと増えて＿＿＿＿。

       A きます　　　　　　B いきます　　　　　C きました　　　　　D いきました

（　　）17. お父さんが一緒に行って＿＿＿＿＿＿＿、今度の家族旅行はもっと楽しかったのに。

A くれれば　　　　　B あげれば　　　　　C もらえば　　　　　D やれば

（　　）18. 明日、またこちらから＿＿＿＿＿＿＿。

A ご電話します　　　　　　　　　　B お電話します

C ご電話しております　　　　　　　D お電話しております

（　　）19. 危ないですから、黄色い線の内側に＿＿＿＿＿＿＿。

A お下がってください　　　　　　　B ご下がってください

C お下がりください　　　　　　　　D ご下がりください

（　　）20. 田舎の祖母の家には兎が2＿＿＿＿＿＿＿います。

A 羽　　　　　　　B 匹　　　　　　　C 頭　　　　　　　D 本

十二、阅读短文，从A、B、C、D中选出最佳选项。

（一）

　　現代科学の発達は、私たちの生活を大きく①＿＿＿＿＿＿。子供たちの教育の面でも、今②＿＿＿＿考えられないような大きな影響がある。

　　今から50年ほど前、テレビは一般の家庭では③＿＿＿＿＿＿見ることができなかった。当時の子供たちの遊ぶ場所は、家の中や、原っぱや空き地、それから今ほど車が④＿＿＿＿＿＿道路であった。そこで子供たちは友達と遊びながら、知らないうちにいわゆる社会勉強もしてきたのだ。

　　時が経ち、テレビが普及すると、子供たちはあまり外へ出なくなった。外は多くのビルが建ち、道路は車がひっきりなしに（不间断地）通る⑤＿＿＿＿＿＿。外で遊びたくても遊ぶ場所がない。そして、パソコン時代の今、一日⑥中家の中でインターネットやゲームをしている子供が⑦＿＿＿＿＿＿いる。

　　ITの普及に⑧＿＿＿＿＿＿、私たちの生活は非常に便利になった。しかし、子供の教育という点⑨＿＿＿＿＿＿見るとどうだろう。昔のような社会勉強はできなくなってしまい、生まれた時からインターネットや携帯電話のある世界で⑩＿＿＿＿＿＿今の子供たちが将来どういう大人になっていくのか、考えてみる必要があるのではないだろうか。

（　　）① A 送った　　　B 過ごした　　　C 変わった　　　D 変えた

（　　）② A から　　　　B まで　　　　　C に　　　　　　D へ

（　　）③ A まだ　　　　B また　　　　　C まず　　　　　D あと

（　　）④ A 多かった　　B 多くなかった　C 少なかった　　D 少なくなかった

（　　）⑤ A ようになった　B ようにした　C ことになった　D ことにした

（　　）⑥「中」の読み方はどれですか

　　　　A ちゅう　　　B じゅう　　　　C なか　　　　　D あいだ

（　　）⑦ A 減って　　　B 減らして　　　C 増えて　　　　D 増やして

（　　）⑧ A ついて　　　B とって　　　　C たいして　　　D よって

（　　）⑨ A で　　　　　B から　　　　　C まで　　　　　D に

（　　）⑩ A 伸ばす　　　B 果たす　　　　C 育つ　　　　　D 育てる

（二）

　　私は日本語学校で日本語を学んでいる学生だ。入学して1年になるが、今でも自分の思ったことが相手にうまく⑪＿＿＿＿＿＿ことが多い。それで、週末、地域のボランティア教室に⑫＿＿＿＿＿＿ことにした。

　　行ってみたら、ボランティアの方々は、私の祖父母と同じぐらいの年齢の方が多くて、⑬＿＿＿＿＿。私の国では、退職後は働かず、のんびり（悠闲）過ごすのが⑭＿＿＿＿だからだ。いつもお世話になっている65歳の中田さんは、もう仕事はやめたが、まだ元気だし、家族にも外に出たほうがいいと勧め（劝说）られて、この活動を始めたそうだ。「外国から来てくれた人たちに⑮＿＿＿＿＿＿町を好きになってもらえたらうれしい」と言っていた。私はこれまであまり年配の方と話したことがなかったので、初めはうまく交流できるかどうか心配だったが、みんな⑯温かい方ばかりで、今は教室に行くと家に帰ったように⑰＿＿＿＿＿＿する。

　　ボランティア教室には私以外にも、この地域に住んでいるたくさんの外国人が来ている。日本語の勉強をする⑱＿＿＿＿＿＿ではなく、困ったことや悩んでいることなどについて相談に乗ってもらう人も多い。このような教室はいろいろな人に⑲＿＿＿＿＿＿とされているのだと感じた。

　　一度、中田さんに頼まれて、私の国の言葉を地域のみなさんに教える講座を担当したことがある。準備は大変だったが、いつも教えてもらうばかりだったので、自分も地域の人のためにして⑳＿＿＿＿＿＿ことがあるのがうれしかった。これからも自分にできることがあれば、積極的にやりたいと思っている。

（　　）⑪ A 伝わる　　　　　　B 伝わらない　　　　C 伝える　　　　　　D 伝えない

（　　）⑫ A 通る　　　　　　　B 通じる　　　　　　C 通う　　　　　　　D 湧く

（　　）⑬ A 喜んだ　　　　　　B 楽しんだ　　　　　C 思い出した　　　　D 驚いた

（　　）⑭ A 普通　　　　　　　B 不便　　　　　　　C 便利　　　　　　　D 普段

（　　）⑮ A この　　　　　　　B その　　　　　　　C あの　　　　　　　D どの

（　　）⑯「温かい」と意味が似ているのはどれですか

　　　　　A 明るい　　　　　　B 優しい　　　　　　C 厳しい　　　　　　D 鋭い

（　　）⑰ A がまん　　　　　　B びっくり　　　　　C ほっと　　　　　　D ハット

（　　）⑱ A だけ　　　　　　　B まで　　　　　　　C ほど　　　　　　　D から

（　　）⑲ A 満足　　　　　　　B 応援　　　　　　　C 邪魔　　　　　　　D 必要

（　　）⑳ A くだされる　　　　B もらえる　　　　　C くれられる　　　　D あげられる

第5課　祝祭日

语言知识要点

1. 重点词语

名词		お祭り、ゴール、ビニール、戦い、ひな祭り、生け花、生涯、アイドル、漢方薬、新年、床の間、お年玉、そば、連休、先祖、年配、ブーム、レジャー、俳優、ビール、カリキュラム
动词	V₁	祝う、近づく、嗅ぐ、下ろす、込める、重ねる、参る、注ぐ、盗む、蹴る、描く、扱う
	V₂	投げる、載せる、当てる、冷える、改める、降りる、切れる、鍛える、痩せる
	V₃	自立する、上映する、面接する、組織する、団らんする、お辞儀する、商売する
形容词	A₁	めでたい
	A₂	幸福、贅沢

2. 语法项目

序号	语法项目	含义	例句
1	Vつもりだ	表示说话人的打算、计划，意为"打算……""准备……"。「Vつもりはない」可以表示不打算或不准备做某事。	・夏休みにスペインに旅行に行く<u>つもりです。</u> ・留学する<u>つもりはない。</u>
2	～と（习惯、反复）	表示特定的习惯或动作的反复，意为"一……就……"。	姉は、夏になる<u>と</u>必ず海に行きます。
3	ながら（も）	表示转折关系，意为"虽然……但是……"。	注意していた<u>ながら</u>、間違えてしまいました。
4	V始める（复合动词）	意为"开始……"。	秋になって、朝晩は冷え<u>始めました。</u>
5	V込む（复合动词）	形容动作程度之深，意为"……进""……入"，其引申意义可表示深处于某种状态。	・ガラス瓶のような危険なものを<u>持ち込んで</u>はいけません。 ・彼女を信じ<u>込んで</u>いました。

（续表）

序号	语法项目	含义	例句
6	V（ら）れる（敬语）	敬语的表达方式之一，表达说话人对动作主体的敬意。	小野：社長はたばこを<u>吸われます</u>か。
7	V切る（复合动词）	意为"……完""……尽""充分地……""完全地……"。	諦めずにやりたいことを<u>やり切った</u>。
8	V続ける（复合动词）	意为"继续（做）……"。	長い時間テレビを<u>見続ける</u>と、目が痛くなるよ。
9	～通りに	意为"正如……那样"。	・紙に自分の思い<u>通</u>りに絵を描いてください。 ・ガイドブックの<u>通</u>りに扱ってください。。 ・山田さんの言った<u>通</u>りに、昨日、町ではお祭りがありました。

ステップ1とステップ2

一、听录音，根据录音内容补全句子。每段录音播放2遍。

1. 彼は＿＿＿＿＿＿ために川に飛び込んだ。

2. この料理はシンプルながらも＿＿＿＿＿＿です。

3. 私は面接の前になると、いつも＿＿＿＿＿＿してしまいます。

4. 夏休みに＿＿＿＿＿＿を習うつもりです。

5. 彼は「＿＿＿＿＿＿」と言いながらも、コーヒーを2杯も飲みました。

二、听下面5段录音，每段录音后有1道小题，从题中所给的A、B、C三个选项中选择最佳选项。每段录音只播放1遍。

（　）1. 男の人は何のためにスペインに行きますか。
　　A 仕事のために　　　　B 旅行のために　　　　C 遊びのために

（　）2. 女の人の言う「自立」はどんなことですか。
　　A 経済的に完全に自立する。
　　B 自分のことを自分で決める。
　　C アルバイトで自分を養う。

（　）3. これは生徒が先生に送ったどんなメッセージですか。
　　A 感謝の気持ちを表すメッセージ
　　B 謝る気持ちを表すメッセージ
　　C 後悔する気持ちを表すメッセージ

（　）4. 男の人はこれから何をしたほうがいいですか。

　　　　A 病院に行く。　　　　　　　　B 薬を飲む。　　　　　　　C 運動する。

（　）5. 女の人はどうして入院したのですか。

　　　　A 風邪を引いたから

　　　　B 肺炎になったから

　　　　C 熱が出たから

三、听录音，在与录音内容相符的句子前画〇，不符的画×。录音播放2遍。

（　）1. お正月は故郷で過ごす人が多いです。

（　）2. 明日から多くの人が故郷に帰ります。

（　）3. 航空会社によりますと、一番込むのは明日10日だそうです。

（　）4. 今年は故郷で休みを過ごす人が12万人もいます。

（　）5. 今年は外国で休みを過ごす人が去年より12％増えます。

四、用平假名写出下列日语单词的读音。

1. 戦い＿＿＿＿＿＿＿＿＿　　2. 上映＿＿＿＿＿＿＿＿＿　　3. 贅沢＿＿＿＿＿＿＿＿＿

4. 漢方薬＿＿＿＿＿＿＿＿　　5. 幸福＿＿＿＿＿＿＿＿＿　　6. 組織＿＿＿＿＿＿＿＿＿

7. 生涯＿＿＿＿＿＿＿＿＿　　8. 面接＿＿＿＿＿＿＿＿＿　　9. お祭り＿＿＿＿＿＿＿＿

五、将下列中文翻译成日语。

1. 庆祝生日＿＿＿＿＿＿＿＿＿＿＿＿＿　　2. 到达终点＿＿＿＿＿＿＿＿＿＿＿＿＿＿

3. 互相泼水＿＿＿＿＿＿＿＿＿＿＿＿＿　　4. 招揽客人＿＿＿＿＿＿＿＿＿＿＿＿＿＿

5. 追小偷＿＿＿＿＿＿＿＿＿＿＿＿＿＿　　6. 投球＿＿＿＿＿＿＿＿＿＿＿＿＿＿＿＿

7. 春节临近＿＿＿＿＿＿＿＿＿＿＿＿＿　　8. 装在卡车上＿＿＿＿＿＿＿＿＿＿＿＿＿

9. 头被球砸了＿＿＿＿＿＿＿＿＿＿＿＿　　10. 身体着凉＿＿＿＿＿＿＿＿＿＿＿＿＿

11. 闻气味＿＿＿＿＿＿＿＿＿＿＿＿＿＿　　12. 改日再拜访＿＿＿＿＿＿＿＿＿＿＿＿

六、仿照例文，使用「Ｖつもりだ／Ｖたい」等表达方式，写一写自己的假期计划。要求条理清晰，至少六句话。

例　私の故郷は天津です。冬休みに両親と一緒に天津に帰るつもりです。古文化街は有名で、おもしろい店がたくさんあります。古文化街へ遊びに行くつもりです。「狗不理」という肉まんがおいしいので、ぜひ食べたいです。親戚とずっと会っていないので、親戚の家にも遊びに行くつもりです。とても楽しみです。

＿＿

＿＿

＿＿

＿＿

七、根据方框中的提示词，写一写中国春节的习俗。

| 親戚　　お年玉　　おいしい料理　　爆竹　　獅子舞　　「福」の字 |

春節になると、＿＿＿＿＿＿＿＿＿＿＿＿＿＿＿＿＿＿＿＿＿＿＿＿＿＿

春節になると、＿＿＿＿＿＿＿＿＿＿＿＿＿＿＿＿＿＿＿＿＿＿＿＿＿＿

春節になると、＿＿＿＿＿＿＿＿＿＿＿＿＿＿＿＿＿＿＿＿＿＿＿＿＿＿

春節になると、＿＿＿＿＿＿＿＿＿＿＿＿＿＿＿＿＿＿＿＿＿＿＿＿＿＿

春節になると、＿＿＿＿＿＿＿＿＿＿＿＿＿＿＿＿＿＿＿＿＿＿＿＿＿＿

春節になると、＿＿＿＿＿＿＿＿＿＿＿＿＿＿＿＿＿＿＿＿＿＿＿＿＿＿

その他＿＿＿＿＿＿＿＿＿＿＿＿＿＿＿＿＿＿＿＿＿＿＿＿＿＿＿＿＿＿＿

＿＿＿＿＿＿＿＿＿＿＿＿＿＿＿＿＿＿＿＿＿＿＿＿＿＿＿＿＿＿＿＿＿＿

八、仿照例文，介绍家乡的美食。最后使用「ながら（も）」的表达方式对该美食进行评价。

例　「煎餅果子」は天津の名物です。天津の人は朝、それを食べます。

　　「煎餅果子」の主な材料は緑豆と卵と揚げパンです。

　　「煎餅果子」は安いながらもとてもおいしいです。天津では人気のある食べ物です。

＿＿＿＿＿＿＿＿＿＿＿＿＿＿＿＿＿＿＿＿＿＿＿＿＿＿＿＿＿＿＿＿＿＿

＿＿＿＿＿＿＿＿＿＿＿＿＿＿＿＿＿＿＿＿＿＿＿＿＿＿＿＿＿＿＿＿＿＿

＿＿＿＿＿＿＿＿＿＿＿＿＿＿＿＿＿＿＿＿＿＿＿＿＿＿＿＿＿＿＿＿＿＿

＿＿＿＿＿＿＿＿＿＿＿＿＿＿＿＿＿＿＿＿＿＿＿＿＿＿＿＿＿＿＿＿＿＿

九、从A、B、C、D中选择最佳选项。

（　　）1. 私は眠くなると、＿＿＿＿＿＿＿。

A 勉強ができなくなる　　　　　　　B コーヒーを飲まれる

C 眠れなくなる　　　　　　　　　　D 集中力が落ちてしまった

（　　）2. 彼女は素人ながら、＿＿＿＿＿＿＿。

A あまり知らない　　　　　　　　　B ほとんど分からない

C 正しく答えられなかった　　　　　D よく説明してくれた

（　　）3. 私は高校一年生から＿＿＿＿＿＿＿。

A 日本語を勉強し終わった　　　　　B 日本語が好きになった

C 日本語の勉強を始まった　　　　　D 日本語の勉強をし合っている

（　　）4. 男：私はその時、彼女を信じ込んでいました。

女：＿＿＿＿＿＿＿。

A それは贅沢ですね　　　　　　　　B とても楽しみです

C いつ上映されたのですか　　　　　D 何がきっかけで疑問を持ったのですか

（　　）5. 女：この肉はとても柔らかいですね。

男：_____。

A ええ、2時間煮込んだから　　　　　　　　B ええ、匂いを嗅いでください

C ええ、すごい戦いですね　　　　　　　　　D ええ、ごく普通の作り方ですから

（　　）6. この子は_____と、なかなかやめられない。

A 増え始めると　　　　　　　　　　　　　　B 食べ始めると

C 咲き始めると　　　　　　　　　　　　　　D 冷え始めると

（　　）7. 忙しいながらも、_____。

A 元気に過ごした　　　　　　　　　　　　　B 失敗は避けられなかった

C 勉強は全くできなかった　　　　　　　　　D ストレスがたくさん溜まる

（　　）8. おじいさんは、天気がいいと、_____。

A 雨が降らない　　　　　　　　　　　　　　B 散歩に行く

C 間違えてしまいました　　　　　　　　　　D ジョギングをするつもりだ

十、用日语写出下列句子描述的节日名称。

1. 中国のタイ族の最も大きなお祭りである。（　　　　　　）

2. 日本の八尾地域（やおちいき）で行われるお祭りで、伝統的な踊りをする。（　　　　　　）

3. ロシアの伝統的なお祭りで、毎年7月下旬にきゅうりの名産地で行われる。（　　　　　　）

4. イギリスのお祭りで、チーズを追いかけ、最初にゴールに着いた人がチーズをもらう。（　　　　　　）

5. 中国の伝統的な祝日で、旧暦の8月15日に行う。おいしい月餅を食べる。（　　　　　　）

6. 日本の伝統的な行事で2月3日の時が多い。豆をまくときに、「福は内、鬼は外」と言う。
　（　　　　　　）

7. 日本の伝統的な行事で、3月3日に女の子の健康を祈る。（　　　　　　）

8. スペインのブニョールという小さな町のお祭りで、毎年8月最後の水曜日に行われる。潰してから
トマトを投げ合う。（　　　　　　）

十一、阅读短文，从A、B、C、D中选择最佳选项。

　　日本では1月の初めに新しい年を①_____。それをお正月と言います。お正月はとても特別なもの
で、いろいろな習慣があります。お正月の②_____、12月31日までにいろいろな準備をします。部
屋に「鏡餅」というお餅を③_____、玄関のドアに特別な飾りをかけたりします。④_____、お正
月の「お節料理」を作ります。お節料理にはいろいろな意味があります。例えば「黒豆」は甘く煮た豆
ですが、これが「まめに暮らす」、つまり、⑤_____働き、元気に生活することを意味しています。

　　お正月にはお寺や神社へ行き、いい1年になることを⑥_____。これを「初詣」といいます。そし
て、家族や親戚が家やレストランに⑦_____、お酒を飲んだりお節料理を食べたりします。普段あま
り会うことがない親戚にもお正月には⑧_____。その時に、子供は大人に「お年玉」を⑨_____。
お年玉は小さい封筒に入ったお金です。お正月は日本で一番大事な日です。これからの1年が
⑩_____ことを願って、昔からいろいろな習慣が続けられているのです。

（　）①　A 祝います　　　　　　B 望みます　　　　　　C 尋ねます　　　　　　D 好みます

（　）②　A おかげで　　　　　　B ために　　　　　　　C せいで　　　　　　　D まま

（　）③　A 置けば　　　　　　　B 置いてから　　　　　C 置いたり　　　　　　D 置かずに

（　）④　A そこで　　　　　　　B でも　　　　　　　　C だから　　　　　　　D また

（　）⑤　A 幸福に　　　　　　　B 真面目に　　　　　　C 正直に　　　　　　　D 平気に

（　）⑥　A お預かりします　　　B お伝えします　　　　C お尋ねします　　　　D お願いします

（　）⑦　A 集まって　　　　　　B 集めて　　　　　　　C 会って　　　　　　　D 合って

（　）⑧　A 会いたいです　　　　B 会えます　　　　　　C 会いません　　　　　D 会えません

（　）⑨　A あげます　　　　　　B くれます　　　　　　C もらいます　　　　　D やります

（　）⑩　A こまかくなる　　　　B するどくなる　　　　C めでたくなる　　　　D いそがしくなる

十二、默写课文。

（一）

村上悦子：「トマティーナ」では①＿＿＿＿＿＿＿＿＿＿どんなことをしますか。

カルロス：まず、②＿＿＿＿＿＿＿＿＿＿があります。町中はイルミネーションで飾られます。そして、③＿＿＿＿＿＿＿＿＿＿がたくさん出ます。家族や友達とお酒を飲んだり踊ったりします。一部の家では、トマトで汚れないように、道に面している壁を④＿＿＿＿＿＿＿＿＿＿で覆います。

村上悦子：⑤＿＿＿＿＿＿＿＿＿＿。お祭りの当日には何をしますか。

カルロス：午前9時頃、石けんがたっぷり塗られた1本の長い木の棒が町の真ん中に⑥＿＿＿＿＿＿＿＿＿＿。棒の先にはハムが⑦＿＿＿＿＿＿＿＿＿＿、大勢の人がそのハムを取るために棒に登ります。

村上悦子：へえ。棒に登るんですか。

カルロス：ええ、見事にハムを取った人はその時⑧「＿＿＿＿＿＿＿＿＿＿」になります。

村上悦子：確かにすごい戦いに⑨＿＿＿＿＿＿＿＿＿＿ですね。

カルロス：ええ。そして、11時頃、⑩＿＿＿＿＿＿＿＿＿＿トラック数台が町の中心にある広場に来て、トマトを外に⑪＿＿＿＿＿＿＿＿＿＿。人々は互いにトマトを投げ合います。町中は⑫＿＿＿＿＿＿＿＿＿＿にトマトの海になります。

（二）

村上悦子：たくさんのトマトを①＿＿＿＿＿＿＿＿＿＿、痛いでしょうか。

カルロス：安全のためにトマトを投げるときは、多少②＿＿＿＿＿＿＿＿＿＿投げます。また、他人の服を③＿＿＿＿＿＿＿＿＿＿。ガラス瓶のような危険なものを④＿＿＿＿＿＿＿＿＿＿。

村上悦子：確かに⑤＿＿＿＿＿＿＿＿＿＿が必要ですね。

カルロス：午後1時頃、「トマティーナ」が終わります。お祭りの2時間以外には1個のトマトも⑥＿＿＿＿＿＿＿＿＿＿＿＿。

村上悦子：掃除はどうしますか。

カルロス：市の職員たちはホースを用いて強力な水流で洗い流します。仮設シャワーもあり、トマトまみれの人たちは⑦＿＿＿＿＿＿＿＿＿＿。

村上悦子：それは⑧＿＿＿＿＿＿＿＿＿＿。今日はいい勉強になりました。ありがとうございました。

カルロス：いいえ。⑨＿＿＿＿＿＿＿＿＿＿、ぜひスペインの「トマティーナ」に参加してみてください。
村上悦子：はい。⑩＿＿＿＿＿＿＿＿＿＿。

ステップ3とステップ4

🎧 **一、听录音，根据录音内容补全句子。每段录音播放2遍。**

1. 商売は＿＿＿＿＿＿＿＿＿＿しなければならない。

2. 諦めずにやりたいことを＿＿＿＿＿＿＿＿＿＿。

3. 一年間ジョギング＿＿＿＿＿＿＿＿＿＿おかげで、痩せました。

4. テーブルの上に食べ物を＿＿＿＿＿＿＿＿＿＿並べる。

5. 山下先生、明日の会議に＿＿＿＿＿＿＿＿＿＿か。

🎧 **二、听下面5段录音，每段录音后有1道小题，从题中所给的A、B、C三个选项中选择最佳选项。每段录音只播放1遍。**

（　　）1. 男の人は誰と話をしていますか。
　　　　　　A 生徒　　　　　　　　　　B 友達　　　　　　　　　　C 生徒のお母さん

（　　）2. 社長は今どうしていますか。
　　　　　　A よくたばこを吸われます。
　　　　　　B たばこをやめられるかもしれません。
　　　　　　C 入院されるかもしれません。

（　　）3. 女の人はどの靴を買いましたか。
　　　　　　A 先が丸くなっている黒い靴
　　　　　　B 先が細くなっている白い靴
　　　　　　C 先が丸くなっている白い靴

（　　）4. 男の人がびっくりしたことは何ですか。
　　　　　　A 財布を盗まれたこと
　　　　　　B 警察に助けてもらったこと
　　　　　　C 小学校の友達が警察官になったこと

（　　）5. 工事はいつ終わりますか。
　　　　　　A 今年の12月　　　　　　　B 来年の1月　　　　　　　C 来年の2月

🎧 **三、听录音，在与录音内容相符的句子前画○，不符的画×。录音播放2遍。**

（　　）1. 私はお菓子を売るお店に来ています。

（　　）2. こちらのお店には、約100種類のチーズが置いてあるんです。

（　　）3. この店は大変人気のお店です。

（　　）4. この店は、お肉を使った料理も紹介してくれます。

（　　）5. この店のチーズを使ったお菓子はとてもいいにおいです。

四、用平假名写出下列日语单词的读音。

1. お年玉_____ 2. 連休_____ 3. お辞儀_____ 4. 先祖_____

5. 俳優_____ 6. 商売_____ 7. 床の間_____ 8. 年配_____

9. 挨拶_____ 10. お正月_____ 11. 新年_____ 12. 鏡餅_____

五、将下列中文翻译成日语。

1. 下地铁_____ 2. 装饰在玄关前_____

3. 祈愿_____ 4. 鞠躬_____

5. 荞麦面容易断_____ 6. 电话中断_____

7. 很受欢迎_____ 8. 倒酒_____

9. 江河流入海洋_____ 10. 表示感谢_____

六、从A、B、C中选择搭配合适的选项。（选项不唯一）

1. （　　）を鍛える

A 体　　　　　　　　　B お辞儀　　　　　　　C 集中力

2. 国旗を（　　）

A 挙げる　　　　　　　B 降ろす　　　　　　　C 降りる

3. （　　）痩せた

A おなかで　　　　　　B 2キロ　　　　　　　C かなり

4. （　　）を重ねる

A めでたい　　　　　　B 本　　　　　　　　　C 失敗

5. （　　）扱う

A 機械を　　　　　　　B 注意して　　　　　　C 大切に

6. （　　）を盗む

A お金　　　　　　　　B 泥棒　　　　　　　　C 目

七、从方框中选择合适的外来语，补全句子。（每个单词只用1次）

A ゴール	B ビニール	C アイドル	D ブーム
E レジャー	F ビール	G ガイドブック	H カリキュラム

1. _____しても、すぐ座るのではなく、歩いてください。

2. 夏は冷たい_____が一番おいしい。

3. 郊外には_____を楽しむ人が大勢いる。

4. 今の_____は、紙ではなく、電子化されている。

5. _____ハウスを利用して野菜を作る農家が増えている。

6. この大学には独自の_____があります。

7. 若い人の間で土日の山登りが_____になっている。

8. 人気＿＿＿＿＿＿＿のコンサートチケットはなかなか手に入らない。

八、从方框中选择合适的后缀并改为适当的形式，补全句子。（可重复使用）

> 出す　　がる　　始める　　込む　　切る　　続ける

1. 男の子は暗くなるまでボールを＿＿＿＿＿＿＿。（蹴る）
2. 王さんはベストセラーを＿＿＿＿＿＿＿。（読みたい）
3. 時間になると、みんなトマトを＿＿＿＿＿＿＿。（投げる）
4. 雨が車の中に＿＿＿＿＿＿＿。（吹く）
5. ここにお名前を＿＿＿＿＿＿＿ください。（書く）
6. この花は水をやらないと、すぐ＿＿＿＿＿＿＿。（枯れる）
7. 注射を＿＿＿＿＿＿＿子供が多い。（嫌）
8. 新たなニーズが＿＿＿＿＿＿＿。（生む）
9. 冷蔵庫にあるビールを全部＿＿＿＿＿＿＿。（飲む）
10. 彼女は＿＿＿＿＿＿＿と、なかなか止まらない。（泣く）

九、假设你是秘书，用敬语和社长确认他的日程安排。

社長の予定表

3月8日（水）	イギリスに行く。
3月11月（土）	イギリスから帰る。
3月13日（月）	A社を訪問する。／（変更：国際会議に出席する）
3月14日（火）	国際会議に出席する／（変更：A社を訪問する）
3月17日（金）	新入社員の歓迎会で挨拶する。

社長：田中さん、再来週のスケジュールはどうなっていますか。

秘書_{ひしょ}：はい、3月8日水曜日に、社長は①＿＿＿＿＿＿＿＿＿＿＿＿＿＿て、3月11日土曜日に②＿＿＿＿＿＿＿＿
＿＿＿＿＿＿＿＿＿＿＿＿＿＿＿＿＿＿＿ことになっております。

社長：A社を訪問するのは何日ですか。

秘書_{ひしょ}：はい、③＿＿＿＿＿＿＿＿＿＿＿＿＿＿＿＿のは、3月13日月曜日です。

社長：あ、一つ、変更があります。13日には国際会議に出ないといけないので、訪問するのは14日木
曜日に変更してもらえませんかってA社に連絡してください。

秘書_{ひしょ}：はい、かしこまりました。13日月曜日に④＿＿＿＿＿＿＿＿＿＿＿＿＿＿＿＿て、14日火曜日
に⑤＿＿＿＿＿＿＿＿＿ね。

社長：その通りです。

秘書_{ひしょ}：さらに社長、3月17日金曜日には⑥＿＿＿＿＿＿＿＿＿＿＿＿ことになっております。

社長：分かりました。ありがとう。

十、使用「思い切って」的表达方式，描述自己或周围人下决心做某事的经历。

例 私	私は思い切って長く伸ばした髪を切ってしまいました。
例 父	父は昨年思い切って10年間やってきた店を閉めました。

十一、使用「V続ける」的表达方式，描述自己或周围人一直坚持做的事情。

例 私	私は小学校から書道を練習し続けてきました。
例 父	父は10年間同じ会社で仕事をし続けています。

十二、从A、B、C、D中选择最佳选项。

（　　）1. 社長のお宅は＿＿＿＿＿＿から、通勤時間は５分しかかかりません。

    A 会社に近いです　　　　　　　　　　B 会社から離れています

    C 会社より近いです　　　　　　　　　D ３階建てです

（　　）2. 生徒：先生、北京ダックは＿＿＿＿＿＿。

    先生：最初は苦手でした。でも、今は好きです。

    A おいしいですか　　　　　　　　　　B 初めてですか

    C 好きですか　　　　　　　　　　　　D 食べられましたか

（　　）3. 学校の図書館は予想通り、大きくて、＿＿＿＿＿＿。

    A おそろしいです　　　　　　　　　　B あかるいです

    C たのしいです　　　　　　　　　　　D すっぱいです

（　　）4. 娘：今日、苦手なにんじんを全部食べ切っちゃったよ。

    母：＿＿＿＿＿＿。

    A おいしいよ　　　　B 太るよ　　　　C よくないよ　　　　D すごいね

（　　）5. 私は中学生の頃から＿＿＿＿＿＿。

    A 日本語を勉強しませんでした　　　　B 体を鍛え続けています

    C 日本の漫画を読み終わりました　　　D やりたいことをやりきった

（　　）6. 中村先生：佐藤さん、レポートを提出しましたか。

佐藤：＿＿＿＿＿＿＿＿。

A 先生の思い通りに提出しました　　　　B 先生の話す通りに提出しました

C 先生の通りに提出しました　　　　　　D 先生に言われた通りに提出しました。

十三、判断下列有关文化事项的描述是否正确，正确的画○，不正确的画×。描述有误的，请在原文中修改。

1. 韓国のお正月は新暦の1月1日で、3日間の連休がある。（　　　）

2. 韓国の茶礼で、テーブルの上に食べ物を並べる時、特に決まった順序はない。（　　　）

3. 韓国のトッククの餅は長いので、長寿を表す縁起のいい食べ物である。（　　　）

4. 春聯は昔から厄除けとして赤い紙に書いた対句である。（　　　）

5. 中国の「福」の字は逆さまに張ってはいけない。（　　　）

6. 中国の春節の年越し料理は地方によっていろいろな種類がある。（　　　）

7. 一般的には中国人が偶数が好きであるのに対し、日本人は奇数が好きである。（　　　）

8. 中国でも、日本でも、韓国でもお正月の時、子供にお年玉をあげる習慣がある。（　　　）

十四、默写课文。

日本のお正月は新暦の①＿＿＿＿＿＿＿で、年神様をお迎えする。②＿＿＿＿＿＿＿の日である。

③＿＿＿＿	新年に年神様が④＿＿＿＿＿＿時の印として玄関の前に飾る。
鏡餅	年神様へのお供え物として⑤＿＿＿＿＿などに飾る。鏡餅を下ろして、様々なものと一緒に煮込んで、⑥＿＿＿＿＿にする。お雑煮を食べると⑦＿＿＿＿＿と言われている。
お年玉	現在、お年玉は⑧＿＿＿＿＿になっているが、昔は⑨＿＿＿＿であった。昔の家長が家族の人たちに⑩＿＿＿＿＿を分けたのが由来である。
年越しそば	⑪＿＿＿＿＿には年越しそばを食べる。⑫「＿＿＿＿＿＿＿＿＿長寿であるように」という願いが込められている。そばは⑬＿＿＿＿＿などと比べて切れやすいことから⑭「＿＿＿＿＿＿＿＿を断ち切る」という意味もある。
お節料理	お節料理は⑮＿＿＿＿＿を願う家庭料理である。⑯＿＿＿＿＿を怒らせないように、⑰＿＿＿＿＿食べられるものを準備する。海老・鯛・昆布など、⑱＿＿＿＿＿と言われている食材が使われる。⑲＿＿＿＿＿＿＿に入れるのはめでたさを重ねるという意味である。
⑳＿＿＿＿	NHKが1951年から放送し続けている男女対抗形式の歌番組である。毎年、高い視聴率を記録し、人気が高い。
初詣	㉑＿＿＿＿＿に神社へお参りに行って、㉒＿＿＿＿＿＿＿を祈る。昔は一家の家長が㉓＿＿＿＿＿から神社に出かけて、㉔＿＿＿＿＿を迎えた。
書き初め	毛筆で㉕＿＿＿＿＿＿やめでたい言葉を書く。一般的には2日に行う。

第6課　気候と日常生活

语言知识要点

1. 重点词语

名词	移り変わり、大気、流れ、少子化、核家族、割合、コース、遺産、集団、留守、ゴム、見舞い、売店、震度、終わり、景気、ポスター、端、財産、個性、根性、未来、燃料、表面、性質、生態、二酸化炭素
动词 V₁	茂る、回る、従う、受け取る、見つかる、光る、握る、もたらす
动词 V₂	用いる、訪れる、演じる、揺れる
动词 V₃	要求する、予防する、増加する、支配する、生存する、消費する
形容词 A₂	清らか
副词	ついでに、ついに

2. 语法项目

序号	语法项目	含义	例句
1	〜見込み	意为"估计……""可能……"，书面语，多用于广播或新闻报道。	太平洋側を中心に晴れる<u>見込み</u>です。
2	ごとに	意为"每……"。	オリンピックは4年<u>ごとに</u>行われる。
3	V ていただく（敬语）	从受益者的角度叙述自己或自己一方的人请求别人做某事，一般用于施益者的身份、地位、年龄等高于受益者的情况，是一种礼貌、客气的表达方式。	今日は、地域の方々に来<u>ていただき</u>、交流活動を行います。
4	V（さ）せていただく（敬语）	表示请他人允许自己或自己一方的人做某事。	本日は司会を担当<u>させていただきます</u>。
5	お/ご＋V＋になる（敬语）	此句型是尊他敬语的表达方式之一，用于描述尊长或上级的行为、状态，对其表示尊敬。	何か<u>お気づきになった</u>点はありますでしょうか。

（続表）

序号	语法项目	含义	例句
6	ほかに	意为"除……之外"。	数字の<u>ほかに</u>漢字も書いてありますね。
7	もしかしたら	表示说话人对某事不确定，意为"可能……吧""说不定……吧""或许……"。	<u>もしかしたら</u>、クリスマスイブの意味ですか。
8	～に従って	意为"按照……""根据……"。	昔の人たちはそれ<u>に従って</u>農業活動を行っていたのです。
9	Nこそ	表达强调的语气，强调某事物的重要性、唯一性，意为"正是……""……オ"。	これ<u>こそ</u>中国人の知恵の結晶ですね。

ステップ1とステップ2

ステップ1とステップ2

🎧 一、听录音，根据录音内容补全句子。每段录音播放2遍。

1. 少子化が進み、核家族の割合が＿＿＿＿＿＿＿＿＿＿＿＿＿＿です。

2. 旅行の料金は＿＿＿＿＿＿＿＿＿＿＿＿＿＿違います。

3. 日本語を＿＿＿＿＿＿＿＿＿＿＿＿＿、大変助かりました。

4. 体調が悪いので、授業を＿＿＿＿＿＿＿＿＿＿＿＿＿。

5. 関東は昨日より大幅に＿＿＿＿＿＿＿＿＿＿＿＿、東京は昨日より7℃高い、11℃の予想です。

🎧 二、听下面5段录音，每段录音后有1道小题，从题中所给的A、B、C三个选项中选择最佳选项。每段录音只播放1遍。

（　　）1. 二人はそれぞれ何月に高校を卒業しますか。

　　　　A 男の人は3月、女の人は4月

　　　　B 男の人は7月、女の人は3月

　　　　C 男の人は9月、女の人は3月

（　　）2. 今日の天気はどうですか。

　　　　A 晴れ　　　　　　　　B 暑い　　　　　　　　C 雨

（　　）3. 今年の気温は去年と比べてどうなりますか。

　　　　A 去年と比べて、今年のほうが低い。

　　　　B 去年と比べて、今年のほうが高い。

　　　　C 去年と比べて、あまり差はない。

（　　）4. 女の人は二十四節気をどう思いますか。

　　　　A 面白いと思う。

　　　　B 二十四節気を考えた人は頭がいいと思う。

C 分かりやすいと思う。

（　　）5. 男の人は何が大事だと思っていますか。

A 時間を守ること

B 相手を思う気持ち

C 礼儀正しく行動すること

三、听录音，在与录音内容相符的句子前画○，不符的画×。录音播放2遍。

（　　）1. 期間は7月20日から27日までです。

（　　）2. 倒れた人は、前の週と比べると2倍です。

（　　）3. 65歳以上の人は1800人です。

（　　）4. 65歳以上の人は全体の65%を占めています。

（　　）5. 倒れた場所の中では「外」が最も多くて、全体の80%を占めています。

四、用平假名写出下列日语单词的读音。

1. 少子化＿＿＿＿＿＿＿＿＿
2. 核家族＿＿＿＿＿＿＿＿＿
3. 割合＿＿＿＿＿＿＿＿＿

4. 移り変わり＿＿＿＿＿＿＿
5. 大気＿＿＿＿＿＿＿＿＿
6. 流れ＿＿＿＿＿＿＿＿＿

7. 性質＿＿＿＿＿＿＿＿＿
8. 生態＿＿＿＿＿＿＿＿＿
9. 二十四節気＿＿＿＿＿＿＿

五、将下列中文翻译成日语。

1. 绕池塘一周＿＿＿＿＿＿＿＿＿＿＿＿
2. 地球绕着太阳转＿＿＿＿＿＿＿＿＿＿

3. 用于农业生产＿＿＿＿＿＿＿＿＿＿＿
4. 恐怕会……＿＿＿＿＿＿＿＿＿＿＿＿

5. 如字面所示＿＿＿＿＿＿＿＿＿＿＿＿
6. 昼夜的长短一样＿＿＿＿＿＿＿＿＿＿

7. 睡醒＿＿＿＿＿＿＿＿＿＿＿＿＿＿＿
8. 天气晴朗＿＿＿＿＿＿＿＿＿＿＿＿＿

9. 利于生长＿＿＿＿＿＿＿＿＿＿＿＿＿
10. 秋天来临＿＿＿＿＿＿＿＿＿＿＿＿

11. 气温下降＿＿＿＿＿＿＿＿＿＿＿＿＿
12. 森林繁茂＿＿＿＿＿＿＿＿＿＿＿＿

13. 开始下雪＿＿＿＿＿＿＿＿＿＿＿＿＿
14. 雨量开始增加＿＿＿＿＿＿＿＿＿＿

六、查阅资料，使用「～見込み」的表达方式，预测未来十年的社会发展情况。

領域	予測
例 老人ホーム	これから高齢化により老人ホームが足りなくなる見込みです。
1. 家庭用ロボット	
2. 子供の数	
3. 学校教育における競争	
4. 専門学校	
5. スマートフォン	

七、仿照示例，使用「～ごとに」的表达方式和表格中的关键词造句。

キーワード	文
例 オリンピック、4年、行われる	オリンピックは4年ごとに行われる。
1. システム、1年、更新される	
2. 1日、痩せていく	
3. 失敗する、成長する	
4. 経験を重ねる、自信が得られる	
5. グループ、意見を発表する	

八、仿照示例，使用方框中的单词和「Vていただく」的表达方式，对关照过自己的人表示感谢。

> 助ける　励ます　教える　信頼する　説明する　待つ　紹介する　守る……

例　（王先生へ）あの時、信頼していただき、心から感謝しております。

1. _____
2. _____
3. _____
4. _____

九、仿照示例，使用「V（さ）せていただく」的表达方式，在正式场合礼貌地发言。

例　本日は、司会を担当する。
　　<u>本日、司会を担当させていただきます。</u>

1. 今から発表会を始める。
　　_____

2. 今日の会場について案内する。
　　_____

3. 試合のルールについて説明する。
　　_____

4. （すみませんが、）質問する。
　　_____

5. この作品について紹介する。
　　_____

十、从A、B、C、D中选择最佳选项。

（　　）1. 新しい教室に＿＿＿＿＿だけあります。

A 先生　　　　　　　　B 黒板　　　　　　　　C 猫　　　　　　　　D 生徒

（　　）2. 宿題はほとんど終わりました。あとは＿＿＿＿＿だけです。

A 日記　　　　　　　　B お辞儀　　　　　　　C 学問　　　　　　　D 言葉

（　　）3. 荒れた天気になる恐れがありますので、＿＿＿＿＿。

A 天気予報をお伝えします　　　　　　B 晴れる見込みです

C 紅葉が見られるようになる　　　　　D 今後の情報にご注意ください

（　　）4. 息子は家にいません。＿＿＿＿＿。

A 連れています　　　　　　　　　　　B 会社に行っています

C 覚えています　　　　　　　　　　　D 聞き取れています。

（　　）5. 疲れたでしょう。＿＿＿＿＿休んでください。

A ゆっくり　　　　　B はっきり　　　　　C あっさり　　　　　D やがて

（　　）6. ドアが開いています。＿＿＿＿＿。

A 李さんは解いたでしょう　　　　　　B 李さんが近づいたでしょう

C 李さんがいるでしょう　　　　　　　D 李さんがつかんだでしょう

十一、从下列句子中找出有误的部分，画线并改正。

1. 毎日寝る前に、本を少し見ます。

＿＿＿＿＿＿＿＿＿＿＿＿＿＿＿＿＿＿＿＿＿＿＿＿＿＿＿＿＿。

2. 太陽から受けるエネルギーの量によって、気温の高さを決める。

＿＿＿＿＿＿＿＿＿＿＿＿＿＿＿＿＿＿＿＿＿＿＿＿＿＿＿＿＿。

3. 友人と楽しい1日に過ごします。

＿＿＿＿＿＿＿＿＿＿＿＿＿＿＿＿＿＿＿＿＿＿＿＿＿＿＿＿＿。

4. 毎日遅くと勉強します。

＿＿＿＿＿＿＿＿＿＿＿＿＿＿＿＿＿＿＿＿＿＿＿＿＿＿＿＿＿。

5. 達也くんはこの服がほとんど好きでしょう。

＿＿＿＿＿＿＿＿＿＿＿＿＿＿＿＿＿＿＿＿＿＿＿＿＿＿＿＿＿。

6. 「霜降」は、朝晩の気温が一段と下げて、霜が降りることを意味している。

＿＿＿＿＿＿＿＿＿＿＿＿＿＿＿＿＿＿＿＿＿＿＿＿＿＿＿＿＿。

十二、阅读短文，从A、B、C、D中选择最佳选项。

日本のほとんどは①＿＿＿＿＿に属していて、四季の区別が②＿＿＿＿＿、夏と冬の気候が大きく違っている。日本列島は③＿＿＿＿＿伸びていることと、季節風や海流の影響を受けて、地域によってその気候が異なる。

北海道は④＿＿＿＿＿に属し、夏は涼しく、冬の寒さが厳しい。梅雨は⑤＿＿＿＿＿。1年を通じて降水

量は北陸地方に比べると少ない。梅雨や台風の影響を受けないので、からっとした天気が多い。沖縄は

⑥＿＿＿＿＿に属しているため、一年中気温が高い。

　日本の夏は南東から、冬は北西からの季節風が吹き、その影響で、夏は⑦＿＿＿＿＿で雨が多く、冬は

⑧＿＿＿＿＿で雪が多く降りやすい。

　梅雨は、主に6月上旬(または5月下旬)から7月上旬にかけて⑨＿＿＿＿＿を除いて降り続ける長雨である。台風は南方海上に発生した熱帯低気圧が発達したもので、日本では⑩＿＿＿＿＿多く通る。北上する間に強風と集中豪雨をもたらすので、山くずれや高潮、水害などの災害を発生させることが多い。

（　）①A 寒帯	B 温帯	C 熱帯	D 亜熱帯
（　）②A 明確であり	B 明確ではなく	C 混乱であり	D なく
（　）③A 東西に	B 南北に	C 東南に	D 西北に
（　）④A 亜熱帯	B 温帯	C 寒帯	D 亜寒帯
（　）⑤A ある	B ない	C 多い	D 少ない
（　）⑥A 熱帯	B 亜熱帯	C 温帯	D 亜寒帯
（　）⑦A 太平洋側	B 日本海側	C 北海道側	D 九州側
（　）⑧A 太平洋側	B 日本海側	C 北海道側	D 九州側
（　）⑨A 沖縄	B 京都	C 東京	D 北海道
（　）⑩A 6月から10月にかけて		B 6月から11月にかけて	
C 7月から10月にかけて		D 7月から11月にかけて	

十三、黙写課文。

（一）

　二十四節気は、①＿＿＿＿＿＿＿＿＿が考えたもので、主に農業活動に使われていた。自然を観察し利用した②＿＿＿＿＿＿＿＿＿の現れである。1年の太陽の黄道上の動きを黄経15度ごとに24等分して③＿＿＿＿＿＿＿＿＿。古代中国の政治の中心は黄河流域に④＿＿＿＿＿＿＿＿＿ので、節気は黄河流域の気候や自然環境をもとに⑤＿＿＿＿＿＿＿＿＿。

（二）

　「小雪」には、わずかながら雪が降り始め、⑥＿＿＿＿＿＿＿＿＿という意味もある。鍋が恋しくなる11月22日前後である。「大雪」は、⑦＿＿＿＿＿＿＿が到来する時期であり、年末から正月にかけての慌ただしい時期でもある。「小寒」は「寒の入り」とも言い、寒さが始まることを意味する。⑧＿＿＿＿＿＿＿＿＿＿を出す1月6日前後である。「大寒」は寒さが最も⑨＿＿＿＿＿＿＿＿時期であり、二十四節気最後の節気で、1月20日前後である。大寒を過ぎると立春を迎えるが、まだ⑩＿＿＿＿＿＿＿＿＿＿が続く。

ステップ3とステップ4

一、听录音，从A、B、C中选择与录音内容相符的一项。每段录音只播放1遍。

（　　）1. A 5月8日　　　　　　　B 9月4日　　　　　　　C 9月8日

（　　）2. A マラソンとピアノが得意だ。

B マラソンと水泳が得意だ。

C 楽器と水泳が得意だ。

（　　）3. A 車の中に　　　　　B かばんの中に　　　　C 部屋の中に

（　　）4. A 道路の真ん中　　B 道路の端　　　　　C 道路の右

（　　）5. A 食べること　　　B 遊ぶこと　　　　　C 寝ること

二、听下面5段录音，每段录音后有1道小题，从题中所给的A、B、C中选择最佳选项。每段录音只播放1遍。

（　　）1. 男の人はどうしますか。

A 予定通りに山田社長と会います。

B 山田社長に時間を変えてもらいます。

C 娘の卒業式に出席します。

（　　）2. 2005年の時、男の人は何をしましたか。

A 日本で留学しました。

B 大学に入りました。

C 大学を卒業しました。

（　　）3. 男の人は何をアドバイスしましたか。

A ゴムを使うこと

B プラスチックを使うこと

C 古い新聞を使うこと

（　　）4. 二人はこれから何をしますか。

A 今から外に出る。

B 部屋で避難する。

C もう少し様子を見る。

（　　）5. 女の人はなぜ風邪を引いたのですか。

A 先月、仕事が忙しかったから

B 会社の人から移ったから

C 家族から移ったから

三、听录音，在与录音内容相符的句子前画○，不符的画×。录音播放2遍。

（　　）1. 5月5日は子供の日です。

（　　）2. 3月3日も子供の日です。

（　　）3. 女の子の健康を祈るために、ひな人形を飾ったり柏餅を食べたりします。

（　　）4. 男の子の健康を祈るために、鯉のぼりを飾ったり、菖蒲湯につかったりします。

（　　）5. 親が子供を思う気持ちが今も昔も変わっていません。

四、用平假名写出下列日语单词的读音。

1. 遺産＿＿＿＿＿＿＿＿＿
2. 集団＿＿＿＿＿＿＿＿＿
3. 留守＿＿＿＿＿＿＿＿＿
4. 見舞い＿＿＿＿＿＿＿＿
5. 売店＿＿＿＿＿＿＿＿＿
6. 震度＿＿＿＿＿＿＿＿＿
7. 景気＿＿＿＿＿＿＿＿＿
8. 端＿＿＿＿＿＿＿＿＿＿
9. 財産＿＿＿＿＿＿＿＿＿
10. 個性＿＿＿＿＿＿＿＿＿
11. 根性＿＿＿＿＿＿＿＿＿
12. 未来＿＿＿＿＿＿＿＿＿
13. 燃料＿＿＿＿＿＿＿＿＿
14. 表面＿＿＿＿＿＿＿＿＿
15. 二酸化炭素＿＿＿＿＿＿

五、将下列中文翻译成日语。

1. 按照要求＿＿＿＿＿＿＿＿＿＿＿＿
2. 代为接收＿＿＿＿＿＿＿＿＿＿＿＿
3. 找不到钥匙＿＿＿＿＿＿＿＿＿＿＿
4. 星光闪耀＿＿＿＿＿＿＿＿＿＿＿＿
5. 掌握命运＿＿＿＿＿＿＿＿＿＿＿＿
6. 掌握成功的钥匙＿＿＿＿＿＿＿＿＿
7. 带来变化＿＿＿＿＿＿＿＿＿＿＿＿
8. 数量增多＿＿＿＿＿＿＿＿＿＿＿＿
9. 自然环境被破坏＿＿＿＿＿＿＿＿＿
10. 减少消费＿＿＿＿＿＿＿＿＿＿＿

六、在（　　）中填写适当的助词。（每个括号里只写1个假名）

1. 今、勉強している科目の中（　　）一番得意な科目は国語です。
2. 張さんは日本で1年間生活していましたが、簡単な会話（　　）（　　）できません。
3. 友達（　　）週末映画を見に行くこと（　　）約束しました。
4. 姉の誕生日に何をあげる（　　）まだ決めていません。
5. 財布の中にはお金が10円（　　）（　　）ありません。
6. 何（　　）お気づきになった点はありますでしょうか。
7. 数字のほかに漢字（　　）書いてありますね。
8. 中国のカレンダーを見て、色々なこと（　　）気づきます。

七、从方框中选择正确的选项，补全句子。（每个选项只用1次）

Aに従って	Bに沿って	Cに応じて	Dに限って	Eに伴って
Fについて	Gによって	Hにとって	Iに対して	Jとして

1. 奨学金のルールは大学＿＿＿＿＿＿違うようですよ。
2. サッカー選手＿＿＿＿＿＿は足が遅い。
3. 働いた時間＿＿＿＿＿＿給料がもらえます。
4. お年寄りの方＿＿＿＿＿＿、もっと親切にしなければなりません。

5. ゴミは町のルール_____きちんと捨てること。

6. 外国人_____、日本人の名前はかなり覚えにくいようだ。

7. この問題_____どう思われますか。

8. 遠足の日_____、いつも雨が降るんだよね。

9. 黄色の線_____並んでください。

10. インターネットの普及_____、ネットで買い物をする人が増えた。

八、日语中的敬语有多种表达方式，找出下面一段话中的敬语，改写为「お／ご＋V＋になる」的句式。

　　社長は2月11日にイギリスから帰られます。2月14日にA社を訪問されます。その次の日、15日に国際会議に出席されます。続いて、17日には新入社員の歓迎会で挨拶されます。そして、歓迎会で参加者全員と写真を撮られます。ただし、その後のパーティには参加されないです。以上です。

1. _____ ⇒ _____

2. _____ ⇒ _____

3. _____ ⇒ _____

4. _____ ⇒ _____

5. _____ ⇒ _____

6. _____ ⇒ _____

九、仿照示例，使用「〜のほか」的表达方式，根据提示作自我介绍。

例 外国語→私は英語のほかに、日本語もできます。

1. （趣味）_____

2. （得意な科目）_____

3. （好きな食べ物）_____

4. （休みの日にしたいこと）_____

5. （これまで旅行に行ったところ）_____

十、仿照示例，使用「もしかしたら」的表达方式，推测事件的原因及发展。

例 クラスメートの孫さんは今日、学校に来なかった。
　　もしかしたら、孫さんは病気になったのかもしれない。（原因）
　　もしかしたら、孫さんは明日も来ないかもしれない。（发展）

1. 父と母は私の考えに反対している。

　　_____

　　_____

2. 今日は多くの人がこの活動に参加しました。

　　_____

　　_____

3. 今回の試験で満点を取りました。

_____

_____

十一、使用「こそ」的表达方式表达自己的观点（答案不唯一）。

1. _____こそ、私の宝物です。

2. 外国に行く時、_____こそ無くしてはいけません。

3. 家を買う時、_____こそ大事です。

4. 大学を決める時、_____こそよく考慮する必要があります。

5. 旅行に行く時、_____こそ大事です。

十二、阅读短文，从A、B、C、D中选择最佳选项。

　　日本が抱える環境問題はさまざまありますが、ここでは主な2つの問題を①_____。

　　一つの問題は温暖化②_____自然災害です。近年、世界各地で異常気象による自然災害が頻発しています。日本でも猛暑や豪雨などが多発し、その数は年々③_____。異常気象の原因の一つに「地球温暖化」が④_____。経済活動によって「温室効果ガス」と呼ばれる二酸化炭素やメタン（甲烷）の排出量が増え、地球の気温が⑤_____のです。気温が上がると、単に暑いだけでなく、大気中の水蒸気量が増えて雨が降りやすくなります。1カ所に多くの雨が降る⑥_____、極端に降雨量が減る地域もあり、洪水や干ばつの被害が増えるといわれています。

　　もう一つの問題は工場や車の排気ガスによる大気汚染です。日本では高度経済成長期が⑦_____1950年代以降、工場や自動車の排気ガスによる大気汚染が深刻化しました。工業都市では⑧_____空気を吸った住民が呼吸器障害に苦しみ、大きな社会問題となります。現在は国や企業が排気を⑨_____対策を実施しており、排気ガスによる大気汚染は軽減されています。⑩_____、完全に無害化されたわけではなく、今以上の改善が必要です。

（　）①A 紹介します	B 解消します	C 支度します	D 支配します
（　）②A に対して	B に対する	C によって	D による
（　）③A 納得しています	B 我慢しています	C 増加しています	D 減少しています
（　）④A 用いられます	B 挙げられます	C 投げられます	D 尋ねられます
（　）⑤A 上がっている	B 下がっている	C 増えている	D 減っている
（　）⑥A から	B ので	C 一方で	D おかげで
（　）⑦A 始まる	B 始まった	C 終わる	D 終わった
（　）⑧A 破壊される	B 破壊された	C 汚染される	D 汚染された
（　）⑨A きれいにする	B 新たにする	C 滑らかにする	D 大事にする
（　）⑩A しかも	B しかし	C そこで	D ところで

十三、默写课文。

（一）

皆様、こんにちは。安田玲子と①＿＿＿＿＿＿＿＿＿＿＿＿。本日は司会を②＿＿＿＿＿＿
＿＿＿＿＿。お忙しい中、私たちの活動に③＿＿＿＿＿＿＿、誠にありがとうございます。それでは、
交流会を④＿＿＿＿＿＿＿＿＿＿＿＿。

　この度、わたくしたちのサークルに、初めて外国からのメンバーが⑤＿＿＿＿＿＿＿＿＿＿＿＿こ
とになりました。ドイツから来たトーマスさんと、中国から来た張斌さんです。本日は、張さんが中国
の「節気」について⑥＿＿＿＿＿＿そうです。それでは、張さん、⑦＿＿＿＿＿＿＿＿＿＿。

（二）

張斌：皆様、⑧＿＿＿＿＿＿＿＿＿＿＿。

トーマス：中国人の祖先は⑨＿＿＿＿＿＿＿＿＿＿＿ですね。

張斌：ええ、中国の昔の人たちは太陽や月の動きを観測し、それを計算して決めたのです。昔の人
　　　たちはそれに⑩＿＿＿＿＿＿農業を行っていたのです。現在、二十四節気は⑪＿＿＿＿＿＿
　　　＿＿＿＿＿＿に登録されています。

岡崎みほ：へえ、そうなんですか。⑫＿＿＿＿＿＿中国人の知恵の結晶ですね。

トーマス：⑬＿＿＿＿＿＿＿＿＿＿＿、明日は冬至ですね。

張斌：ええ。冬至の日は、中国の北の地域では⑭＿＿＿＿＿＿＿＿＿＿習慣があります。餃子
　　　は⑮＿＿＿＿＿＿＿＿＿＿＿から、餃子を食べたら、凍傷にならないという言い伝えもあ
　　　ります。

大谷なな：へえ、⑯＿＿＿＿＿＿＿＿＿＿。

トーマス：冬至の餃子を食べたいですね。

張斌：明日、市の国際交流センターで餃子パーティーがあるから、⑰＿＿＿＿＿＿＿＿＿＿。

第7課　長寿企業の秘訣

语言知识要点

1. 重点词语

名词		価値、精神、付き合い、老舗、得意先、マイナス、プラス、連絡先、割り勘、主人、展覧会、ゴールデンウィーク、歌舞伎、隠れん坊、人柄、カブトムシ、腹、ほうれん草（ほうれんそう）、貿易、栄養、根、下着、屋根、設備、水道、癖、利益、条件、給料
动词	V₁	受け継ぐ、こだわる、囲む、抜く、積む、済む、散る、止む、似合う、追い抜く、外す、役立つ、失う
	V₂	備える、隠れる、外れる、捕まえる、加える、割れる、貯める
	V₃	就職する、経営する、信用する、商売する、貯金する、勘定する、報道する、崩壊する、つるつるする
形容词	A₂	マイナス、プラス、斜め、ご機嫌斜め、つるつる、公平
副词		なんと、しっかり、常に、大いに、ばらばら、つるつる、たとえ、よほど
连词		それでは、ところで、しかも
词组		手を抜く

2. 语法项目

序号	语法项目	含义	例句或词例
1	～うちに	表示在某种状态下做某事，意为"趁……时""在……之内"。	できるだけ、早いうちに召し上がってください。
2	尊敬語の特別な動詞（敬语）	特殊尊他敬语动词是日语敬语表达方式之一，说话人对听话人或话题中提及的人物表示尊敬时使用。	いらっしゃる、なさる、くださる、召し上がる、おっしゃる、ご覧になる
3	～なくてもいい	意为"不用……也行""可以不……"。	気を使わなくてもいいのに。

（续表）

序号	语法项目	含义	例句或词例
4	謙譲語の特別な動詞（敬语）	特殊自谦敬语动词，是日语敬语表达方式之一。表示说话人以谦卑的态度，对听话人或话题中提及的人物表示尊敬。	伺う／参る、おる、致す、いただく、申し上げる、お目にかかる、拝見する、拝読する、拝聴する、存じる
5	～わけだ	用于解释某现象或某事物，同时表示说话人对该事件的理解或谅解，意为"难怪……""怪不得……""所以……"。	だからおいしい<u>わけです</u>。
6	NをAする	表示人为地使事物发生变化，意为"把……""使……"。	この貿易会社を<u>もっと大きくしたい</u>です。
7	Nまで（极端的示例）	表示情况超出说话人的预想，达到令人吃惊的程度，意为"连……""甚至到了……的地步"。	細かな事<u>まで</u>報告しないといけない。
8	～ないといけない	表示必须要做某事，意为"……是必要的""……是不可缺少的"。	家を買うならお金を貯め<u>ないといけない</u>。
9	Vづらい（复合形容词）	指生理或心理上感觉不舒服，或者是做某事有困难，意为"难于……""不好……"。	常に「報連相」を要求されると、仕事がやり<u>づらくなる</u>。
10	～わけではない	对可能产生的误会加以解释，表示并非如推测或预想那样，意为"并不……""并没有……""不是……"。	「報連相」に代表される文化の壁は無くなった<u>わけではない</u>。

ステップ1とステップ2

一、听录音，根据录音内容补全句子。每段录音播放2遍。

1. 若いうちにいろいろと＿＿＿＿＿＿＿＿＿＿です。

2. 先生が私たちに「マイナスのことも見方を変えれば＿＿＿＿＿＿＿＿＿＿」とおっしゃいました。

3. 最初は＿＿＿＿＿＿＿＿＿＿です。誰でも初めは初心者ですから。

4. 日本での留学中に、佐藤先生のお宅に＿＿＿＿＿＿＿＿＿＿。

5. 彼は感情的になったので、＿＿＿＿＿＿＿＿＿＿ことを言ってしまったわけだ。

二、听下面5段录音，每段录音后有1道小题，从题中所给的 A、B、C三个选项中选择最佳选项。每段录音只播放1遍。

1. 女の人はこれから何をしますか。

A 工場を回る。　　　　　　　B 友達の奈美さんを誘う。　　　C 男の人を待つ。

2. 女の人はこれからどうしたらいいですか。

A 1組の中村先生に連絡する。

B 2組の中村先生に連絡する。

C 男の人にアドバイスをしてもらう。

3. 男の人は明日何をしますか。

A 病院へお見舞いに行く。

B 体調がよくないので休む。

C 日本語の授業を担当する。

4. 佐藤さんは何のために中国に来たのですか。

A 留学のため　　　　　　　　B 仕事のため　　　　　　　　C 旅行のため

5. 来月から、店は何時に開きますか。

A 9時　　　　　　　　　B 9時半　　　　　　　　C 10時

三、听录音，在与录音内容相符的句子前画〇，不符的画×。录音播放2遍。

（　　）1. 田中さんは東京の中心から電車で1時間ほどの町に引っ越しました。

（　　）2. 会社は東京の中心部ではなく、田舎にあります。

（　　）3. 田中さんの住んでいる町は家が安く、緑が多いです。

（　　）4. 子供たちは引っ越した町が大好きです。

（　　）5. 田中さんは引越したことを全然後悔していません。

四、用平假名写出下列日语单词的读音。

1. 価値＿＿＿＿＿　　　2. 精神＿＿＿＿＿　　　3. 付き合い＿＿＿＿＿

4. 老舗＿＿＿＿＿　　　5. 得意先＿＿＿＿＿　　　6. 連絡先＿＿＿＿＿

7. 割り勘＿＿＿＿＿　　　8. 展覧会＿＿＿＿＿　　　9. 歌舞伎＿＿＿＿＿

10. 隠れる＿＿＿＿＿　　　11. 人柄＿＿＿＿＿　　　12. 腹＿＿＿＿＿

13. 就職＿＿＿＿＿　　　14. 信用＿＿＿＿＿　　　15. 商売＿＿＿＿＿

16. 勘定＿＿＿＿＿

五、将下列中文翻译成日语。

1. 继承传统＿＿＿＿＿　　　2. 传播传统文化＿＿＿＿＿

3. 对美食有追求＿＿＿＿＿　　　4. 被大海包围＿＿＿＿＿

5. 偷工减料＿＿＿＿＿　　　6. 积累经验＿＿＿＿＿

7. 为老年生活做准备＿＿＿＿＿　　　8. 完成准备工作＿＿＿＿＿

9. 花儿凋谢＿＿＿＿＿　　　10. 雨停了＿＿＿＿＿

11. 躲藏在门后＿＿＿＿＿　　　12. 有违常识＿＿＿＿＿

13. 经营公司＿＿＿＿＿　　　14. 被电视台报道＿＿＿＿＿

六、仿照示例，根据提示，使用「～うちに」的表达方式，表达催促或建议。

例 おかずを食べる

(1) おかずが温かいうちに食べてください。 (2) おかずが冷めないうちに食べてください。

1. 氷を運ぶ

(1) _____ (2) _____

2. 家に帰る

(1) _____ (2) _____

3. 魚を食べる

(1) _____ (2) _____

七、仿照示例，将方框中的动词改写为特殊尊他敬语动词或特殊自谦敬语动词。

动词基本形	特殊尊他敬语动词	特殊自谦敬语动词
例 行く・来る	いらっしゃる	伺う/参る
いる		
する		
くれる		————————
もらう	————————	
食べる・飲む		
言う		
見る		
会う	————————	
読む	————————	
聴く	————————	
聞く	————————	
知る	————————	

八、仿照示例，使用「～てもいい」「～なくてもいい」的表达方式，表达可以做某事或不必做某事。

例 このレストランで食べる・予約する

このレストランで食べるなら、予約してもいい。

このレストランで食べるなら、予約しなくてもいい。

1. この本・読む

_____

2. 一年生・その試験を受ける

_____

_____

3. 留学生・文化祭に参加する

_____

_____

九、仿照示例，根据括号中的提示，使用「～わけだ」的表达方式，表达对某事的理解或领会。

例　A：今、北京は11時です。ロンドン（伦敦）は何時ですか。（時差7時間）

　　B：北京とロンドンは時差が7時間なので、北京が11時なら、ロンドンは4時なわけです。

1. A：ダイエットして、何キロ痩せたのですか。（今の体重52キロ、先週は54キロ）

　　B：_____

2. A：彼女は日本のことに詳しいですか。（日本で3年間働いていた）

　　B：_____

3. A：今、電気製品の値段は高いですか。（電気製品を作る工場がたくさんある）

　　B：_____

十、从A、B、C、D中选择最佳选项。

（　　）1. 妹は_____本を読んでいます。

　　　　　A 無事に　　　　　　B 平気に　　　　　　C 真剣に　　　　　　D 派手に

（　　）2. 彼女はいつも銀行で_____。

　　　　　A 勘定します　　　　B 支出します　　　　C 信用します　　　　D 両替します

（　　）3. 時間がない時、_____。

　　　　　A いっぱい遊びます　　　　　　　　　B ゆっくりいただきます

　　　　　C 朝ご飯を食べません　　　　　　　　D 友達を囲んでお菓子を食べます

（　　）4. 甲：息子さんは、今、何をしていますか。

　　　　　乙：_____。

　　　　　A 心が揺れています　　　　　　　　B 今、出かけています

　　　　　C 山が見えています　　　　　　　　D 環境に恵まれています

（　　）5. 男：ああ、資料を忘れました。

　　　　　女：_____。

　　　　　A どうして行きますか　　　　　　　B 早く取りに行ってください

　　　　　C 結構役立ちますね　　　　　　　　D ご覧になりましたか

（　　）6. 男：月曜日は図書館は開いていませんよ。

　　　　　女：_____。

　　　　　A あっ、いらっしゃいません　　　　B あっ、参りません

　　　　　C さあ、行きましょう　　　　　　　D あ、知りませんでした

十一、找出下列句子中有误的部分，画线并改正。

1. チケットを取るのに忘れないでください。

   _____

2. 11番のバスが学校の前に通ります。

   _____

3. パーティーで着る服なら、明るい色がいいと思います。

   _____

4. 遠くから買いに来たのですから、店が開いていません。

   _____

5. 高校を卒業して、工場に働きたいです。

   _____

6. 今後のお連絡について、メールでお知らせします。

   _____

十二、默写课文。

（一）

王亮：これは「稲香村」のお菓子です。どうぞ、できるだけ早いうちに①_____。

佐藤：まあ、②_____いいのに。おいしそうですね。それでは、③_____

　　　_____。

（食べた後）

佐藤：おいしかったですね。④_____、「稲香村」はお菓子の専門店ですか。

王亮：ええ、100年以上の歴史がある老舗です。

佐藤：だから⑤_____。老舗について、2020年のある調査を見たのですが、日

　　　本には100年以上の歴史がある老舗企業が⑥_____そうです。しかも、世

　　　界の100年企業全体の41.3%を占めているそうです。

（二）

王亮：日本では、なぜそんなに多くの企業が⑦_____のですか。

佐藤：理由は色々あると思います。私は、日本が島国で海に囲まれているという⑧_____

　　　_____が挙げられると思います。

王亮：そうですか。多くの日本人はまじめだから、その勤勉な国民性も⑨_____。

佐藤：そうですね。多くの日本人は仕事をする時、⑩_____ですね。それから、

　　　長寿企業に共通しているのは、「家訓」や「理念」が⑪_____ということ

　　　です。

ステップ3とステップ4

一、听录音，根据录音内容补全句子。每段录音播放2遍。

1. この服に似合うように髪を＿＿＿＿＿＿＿＿＿＿＿＿＿＿＿しました。

2. 高校生の私は走るのが遅くて、＿＿＿＿＿＿＿＿＿＿＿＿＿追い抜かれる。

3. この設備を使う時には、＿＿＿＿＿＿＿＿＿＿＿＿に気を付けないといけません。

4. みんなに負担をかけることなので、とても＿＿＿＿＿＿＿＿＿＿＿。

5. 失敗しても、＿＿＿＿＿＿＿＿＿＿＿＿わけではない。

二、听下面5段录音，每段录音后有1道小题，从题中所给的A、B、C三个选项中选择最佳选项。每段录音只播放1遍。

（　　）1. 男の人が一番早く確実に本を手に入れられるのは、何曜日ですか。

　　　　　A 金曜日　　　　　　　　　B 日曜日　　　　　　　　　C 月曜日

（　　）2. どんな家が安いですか。

　　　　　A 駅から歩いて10分以内の家が安いです。

　　　　　B 駅から歩いて15分以内の家が安いです。

　　　　　C 駅から歩いて10分以上の家が安いです。

（　　）3. 男の人はどんなことを助けましたか。

　　　　　A 引越しをすること

　　　　　B 部屋を片づけること

　　　　　C 周りの環境を教えること

（　　）4. 会議はいつ行（おこな）ったほうがいいですか。

　　　　　A 朝　　　　　　　　　　　B 午後　　　　　　　　　　C 夜

（　　）5. この町はどんな特徴がありますか。

　　　　　A 食事は高いが、物は安い。

　　　　　B 食事も物も安い。

　　　　　C みんな引越ししたがっている。

三、听录音，在与录音内容相符的句子前画○，不符的画×。录音播放2遍。

（　　）1. 劉さんは相談のためにこのメールを書きました。

（　　）2. 劉さんはアメリカへ留学に行きたがっています。

（　　）3. 劉さんは音楽の大学と専門学校とどちらの授業料が高いかを聞いています。

（　　）4. 劉さんは留学先について詳しく聞きたがっています。

（　　）5. 大学生が自分の先生にメールを書きました。

四、用平假名写出下列日语单词的读音。

1. 貿易_____
2. 栄養_____
3. 屋根_____
4. 下着_____
5. 設備_____
6. 水道_____
7. 癖_____
8. 利益_____
9. 条件_____
10. 給料_____
11. 崩壊_____
12. 貯金_____

五、将下列中文翻译成日语。

1. 放糖_____
2. 玻璃碎了_____
3. 存钱_____
4. 造成负面影响_____
5. 得到好的结果_____
6. 歪着贴_____
7. 告知结果_____
8. 得到建议_____
9. 接受建议_____
10. 克服困难_____
11. 在竞争中取胜_____
12. 工作业绩提高了_____
13. 浪费食物_____
14. 节约用水_____
15. 时间不合适_____
16. 质量好_____

六、假设你是一名贸易公司的领导，仿照示例，使用「NをAする」的表达方式，写出公司的发展规划。

例 会社の規模	5年をかけて、会社の規模をもっと大きくしたいです。 （少なくとも今までの3倍にしたいと思います。）
商品の種類	
商品の値段	
商品の質	
会社の影響力	
_____	

七、仿照示例，使用「Nまで」的表达方式，描述极端的情况。

例 子供が漫画を読む（大人）

　　最近、子供だけでなく、大人まで漫画を読んでいる。

1. ほかの人がそんなことを言う（君）

　　_____

2. ほかの人が僕を信じてくれない（一番信頼している友達）

　　_____

3. 周りの人にばかにされている（子供）

　　_____

4. 何でもよく買う（つまらないもの）

_____

八、仿照示例，使用「～ないといけない」的表达方式，描述达成某事的必要条件。

例 日本語の通訳になる。	・日本語が上手でないといけない。 ・たくさんの練習をしないといけない。
この大学の先生になる。	・ ・
管理者になる。	・ ・
ここに車を止める。	・ ・
この大学に入る。	・ ・

九、根据所给情境，从方框中选择合适的表达方式并改为适当的形式，补全句子。

見やすい	見づらい	捕まえやすい	捕まえづらい
乗りやすい	乗りづらい	借りやすい	借りづらい

1. （小李在教室的座位从第5排换至第1排。）

   李：もとの席では黒板の字が（　　　　）て困っていましたが、この席だと（　　　　）なります。
2. （小王因过度用眼，视力严重下降。）

   王：視力表のマークが（　　　　）です。下のマークだけでなく、一番上のマークも（　　　　）です。
3. （用手抓鱼。）

   張：つるつるの魚はとても（　　　　）です。
4. （小刘的自行车骑了10年，已经很破旧了。）

   劉：買ったばかりの時は（　　　　）ですが、10年も経つと（　　　　）なって、新しいのを買いたいと思っています。
5. （在考试前两天小孙想向同学借笔记复习。）

   孫：普段は（　　　　）かもしれませんが、試験前だと、クラスメートにノートを（　　　　）ですね。

十、仿照示例，使用「～わけではない／～わけではありません」的表达方式，说明情况。

例 成績があまりよくない。	成績があまりよくないですが、別に勉強が嫌いなわけではありません。
友達が少ない。	·
たくさん本を持っている。	·
理学部の学生である。	·
ハンバーグをよく食べる。	·

十一、从方框中选择合适的副词，补全句子。（每个单词只用1次）

A なんと	B しっかり	C 常に	D 大いに
E たとえ	F よほど	G ばらばら	H つるつる

1. どんなことでもプラスとマイナスの影響が＿＿＿＿＿あるのです。

2. それらの経験が今の仕事に＿＿＿＿＿役立っているのです。

3. 李さんは卒業したばかりなのに、＿＿＿＿＿1か月の給料は3万元もあるそうです。

4. 木の下には実が＿＿＿＿＿落ちていた。

5. ＿＿＿＿＿知らない人でも、朝、エレベーターで一緒になったら、「おはようございます」と言います。

6. 勉強などを、今まで以上に＿＿＿＿＿やりたいと思います。

7. ＿＿＿＿＿した石はどうしても登ることができない。

8. 早く読みたいのなら、声に出して読むより、黙って読むほうが＿＿＿＿いい。

十二、找出下列句子中有误的部分，画线并改正。

1. 私はいつも音楽が聞きながら走ります。

＿＿＿＿＿＿＿＿＿＿＿＿＿＿＿＿＿＿

2. こう言えば、その歌は日本で有名ですよ。

＿＿＿＿＿＿＿＿＿＿＿＿＿＿＿＿＿＿

3. 本屋に歩いて15分ほどです。

＿＿＿＿＿＿＿＿＿＿＿＿＿＿＿＿＿＿

4. 私は母を聞きながら、料理をする。

＿＿＿＿＿＿＿＿＿＿＿＿＿＿＿＿＿＿

5. 山田さんは友達を誘おうと思います。

＿＿＿＿＿＿＿＿＿＿＿＿＿＿＿＿＿＿

6. 兄はエンジニアがしていて、とても忙しいです。

＿＿＿＿＿＿＿＿＿＿＿＿＿＿＿＿＿＿

ステップ3とステップ4

十三、根据句意选择合适连词，将对应的选项填写在横线上。（每个单词只用1次）

| A それでは　　B ところで　　C しかも　　D そこで |
| E ところが　　F なぜなら　　G さらに　　H それで |

1. あの方は私の恩師で、＿＿＿＿＿＿命の恩人だ。

2. 子：今日、宿題を家に忘れてたんだ。

　　母：＿＿＿＿＿＿。

　　子：先生に叱られたよ。

3. ＿＿＿＿＿＿、発表させていただきます。

4. 台風が近づいてきたせいで、夜になり＿＿＿＿＿＿雨風が激しくなってきた。

5. 夕べはコンサートに行くつもりでした。＿＿＿＿＿＿病気で行けなくなりました。

6. ＿＿＿＿＿＿、李さんは日本から帰ってきましたか。

7. 明日は大雨になるらしい。＿＿＿＿＿＿ピクニックへ行くのを辞めて、映画館へ行こうと思います。

8. 母は大きなケーキを焼いています。＿＿＿＿＿＿今日は父の誕生日だからです。

十四、默写课文。

　　日本企業は、①「＿＿＿＿＿＿＿＿＿＿＿＿＿＿」の三つの言葉の最初の文字を取った「報連相」を重視する。報告とは、②＿＿＿＿＿＿＿＿＿＿＿＿＿＿、または、③＿＿＿＿＿＿＿＿＿＿＿＿仕事の経過や結果を知らせることである。連絡とは、④＿＿＿＿＿＿＿＿＿＿＿＿＿ことである。相談とは、迷った時、上司や先輩・同僚に⑤＿＿＿＿＿＿＿＿＿＿＿＿＿、アドバイスをもらうことである。

　　『ほうれんそうが会社を強くする』という本が1986年に出版され、当時の日本社会に⑥＿＿＿＿＿＿＿＿＿＿＿＿＿＿＿＿。平成（1989〜2019年）に入り、日本経済は⑦＿＿＿＿＿＿＿＿＿＿＿＿＿＿＿。日本企業は様々な問題を乗り越えるために、⑧＿＿＿＿＿＿＿＿＿＿＿＿＿始められる「報連相」に取り組んだ。

　　また、⑨＿＿＿＿＿＿＿＿＿＿＿＿＿が普及し、メールやグループチャットなどのツールも発達した。さらに⑩＿＿＿＿＿＿＿＿＿＿＿＿＿の登場により、「報連相」はいつでもどこでも可能になった。

　　近年、⑪＿＿＿＿＿＿＿＿＿＿＿＿＿に勝つために、日本企業は外国人の採用を増やしている。しかし、日本のビジネスの基本である「報連相」について、外国人ビジネスマンは以下の⑫＿＿＿＿＿＿＿＿＿＿＿＿＿を感じている。

第8課　仕事への態度

语言知识要点

1. 重点词语

名词		楽器、蓋、カロリー、魅力、戦争、触れ合い、使い捨て、衣食住、しつけ、事実、ハイキング、気の毒、宇宙、部活、おやつ、誇り、タオル、機械
动词	V₁	作り出す、折る、争う、触る、向ける、無くす、掘る、計る、追う、割る、乾かす、畳む、目立つ、含む
	V₂	恐れる、追いかける、混ぜる、仕上げる、認める、押さえる、閉じる
	V₃	泥棒する、保存する、区別する、合図する、故障する
形容词	A₁	賢い、惜しい、痒い
	A₂	気の毒
副词		とうとう、きちんと、ちゃんと、ようやく

2. 语法项目

序号	语法项目	含义	例句
1	な（禁止）	表示禁止做某事，意为"不要……""不许……"。	失敗を恐れる<u>な</u>。
2	Nから（原因）	表示事情的起因，意为"由于……""因为……"。	私はふだん不注意<u>から</u>失敗することがよくあります。
3	Nらしい	表示某事物或人物的典型特征或性质，意为"像……样的""有……风度的""典型的……"。	長い冬が終わり、やっと春<u>らしく</u>なってきた。
4	〜に向けて	①表示对某人或某个群体采取某种态度或行为，意为"面向……"。 ②表示以某事为目标而努力，意为"着眼于……""为了……而……"。	・高校生<u>に向けて</u>、一言メッセージをお願いします。 ・今試験<u>に向けて</u>頑張っています。

（续表）

序号	语法项目	含义	例句
5	Vには（目的）	表示要想达到某一目的，必须要做某事，意为"要……须得……"。	この世界で仕事を続けていくには、興味だけではなく、「好き」という気持ちを持つことが大事です。
6	Nさえ～ば	表示只要具备了前项条件，后项事件就能够成立，意为"只要……就……"。	「好き」という気持ちさえあれば、どんなことがあっても続けたいと思います。
7	V切れる（复合动词）	表示把某事从头到尾彻底地做完，意为"全部……""彻底地……"。	苦しいことがあっても最後までやり切れるのです。
8	Vてほしい	表示说话人（第一人称）希望别人做某事，问句中可用第二人称作主语。	「好き」という気持ちを大切にしてほしいです。
9	V終わる（复合动词）	表示动作的完成或事情的结束，意为"……完了"。	2時間かけてやっと数学の宿題をやり終わりました。
10	～がち（复合形容词）	表示容易产生某种倾向，多指消极的状态，意为"容易……""动辄……"。	つまらないと思われがちな仕事ですが…

ステップ1とステップ2

ステップ1とステップ2

一、听录音，根据录音内容补全句子。每段录音播放2遍。

1. （警察が泥棒を追いかけながら大きな声で）＿＿＿＿＿＿＿＿＿＿＿＿。

2. ＿＿＿＿＿＿＿＿＿＿＿＿火事になりました。

3. 長い冬が終わり、やっと＿＿＿＿＿＿＿＿＿＿＿＿なってきた。

4. この雑誌は＿＿＿＿＿＿＿＿＿＿に向けて作られています。

5. 環境を守るには、＿＿＿＿＿＿＿　＿＿＿＿をやめる必要があります。

二、听下面3段录音，每段录音后有2道小题，从题中所给的A、B、C三个选项中选择最佳选项。每段录音播放2遍。

1. 女の人の家で何が起こっていますか。
   A 台所の蛇口から水が漏れている。
   B お風呂の蛇口から水が漏れている。
   C トイレの蛇口から水が漏れている。

2. 今、何時ごろですか。
   A 9時ごろ　　　　　　　　B 10時ごろ　　　　　　　　C 11時ごろ

3. 男の人の友達の店はどうですか。

A とても人気があります。

B 思ったほど人気はありません。

C 町の中心にあります。

4. 2人は今、何を考えていますか。

A レストランを開くこと

B パン屋を開くこと

C 花屋を開くこと

5. 男の人の仕事はどうですか。

A ずっと忙しい。

B 最初はよかったが、だんだん忙しくなってきた。

C 最初は忙しかったが、今は忙しくない。

6. 男の人は今の仕事についてどう思っていますか。

A 社長が退院したら、辞めたいと思っている。

B 辞めたいが、家族のために我慢する。

C 社長と相談し、仕事を続ける。

三、听录音，在与录音内容相符的句子前画○，不符的画×。录音播放2遍。

（　　）1. 「私」の友人の中に結婚してから1年後に結婚式を挙げた夫婦がいる。

（　　）2. 結婚式のために決めることがたくさんあるが、専門の会社に頼んだほうが速い。

（　　）3. 「私」は結婚してから結婚式を挙げるようなやり方には反対だ。

（　　）4. 「私」は、結婚の手続きをした日に小さくてにぎやかな結婚式をしたい。

（　　）5. 「私」の結婚式は一番仲の良い友人と家族だけを呼びたいです。

四、用平假名写出下列日语单词的读音。

1. 楽器＿＿＿＿＿＿＿＿＿＿

2. 蓋＿＿＿＿＿＿＿＿＿＿

3. 魅力＿＿＿＿＿＿＿＿＿＿

4. 戦争＿＿＿＿＿＿＿＿＿＿

5. 触れ合い＿＿＿＿＿＿＿

6. 使い捨て＿＿＿＿＿＿＿

7. 衣食住＿＿＿＿＿＿＿＿

8. 事実＿＿＿＿＿＿＿＿＿

9. 気の毒＿＿＿＿＿＿＿＿

10. 宇宙＿＿＿＿＿＿＿＿＿

11. 泥棒＿＿＿＿＿＿＿＿＿

12. 保存＿＿＿＿＿＿＿＿＿

13. 区別＿＿＿＿＿＿＿＿＿

14. 合図＿＿＿＿＿＿＿＿＿

15. 部活＿＿＿＿＿＿＿＿＿

五、将下列中文翻译成日语。

1. 制作乐器＿＿＿＿＿＿＿＿＿＿＿＿＿＿

2. 蒸米饭＿＿＿＿＿＿＿＿＿＿＿＿＿＿

3. 害怕失败＿＿＿＿＿＿＿＿＿＿＿＿＿＿

4. 追小偷＿＿＿＿＿＿＿＿＿＿＿＿＿＿

5. 折树枝＿＿＿＿＿＿＿＿＿＿＿＿＿＿＿

6. 争夺遗产＿＿＿＿＿＿＿＿＿＿＿＿＿

7. 触摸作品＿＿＿＿＿＿＿＿＿＿＿＿＿＿

8. 在意＿＿＿＿＿＿＿＿＿＿＿＿＿＿

9. 弄丢钱包＿＿＿＿＿＿＿＿＿＿＿＿＿＿

10. 面向全世界＿＿＿＿＿＿＿＿＿＿＿＿

11. 将白糖和牛奶搅拌在一起＿＿＿＿＿＿＿

12. 保护环境＿＿＿＿＿＿＿＿＿＿＿＿＿

六、仿照示例，根据表格中的提示，写出对话的另一方并使用「～な」的表达方式，表达禁止其做某事。

角色	对象	情境	禁止的内容
例 母	子供	在路上随意扔垃圾	道にごみを捨てるな。
父		和朋友吵架	
先生		在走廊里乱跑	
サークルの先輩		训练时随意休息	
部長		开会迟到	
＿＿＿＿＿＿			

七、从方框中选择适当的词语，补全句子。（每个选项只用1次）

A 食べ過ぎ　　B 誤解　　　C 冷え　　　D 寝不足　　　E 不注意
F たばこの火　　G ダイエットのし過ぎ　　H 風邪

1. ＿＿＿＿＿＿＿＿＿＿＿＿から、肺炎(はいえん)になった。
2. ＿＿＿＿＿＿＿＿＿＿＿＿から、おなかを壊した。
3. ＿＿＿＿＿＿＿＿＿＿＿＿から、怪我をした。
4. ＿＿＿＿＿＿＿＿＿＿＿＿から、火事になりました。
5. ＿＿＿＿＿＿＿＿＿＿＿＿から、倒れました。
6. ＿＿＿＿＿＿＿＿＿＿＿＿から、友達と喧嘩した。
7. ＿＿＿＿＿＿＿＿＿＿＿＿から、風邪を引きました。
8. ＿＿＿＿＿＿＿＿＿＿＿＿から、拒食症(きょしょくしょう)になった。

八、将下列句子成分重新排序，组成语义通顺的一句话。

1. 天気だ・暖かく・春らしい・今日は

＿＿＿＿＿＿＿＿＿＿＿＿＿＿＿＿＿＿＿。

2. 春らしく・天気だ・今日は・暖かい

＿＿＿＿＿＿＿＿＿＿＿＿＿＿＿＿＿＿＿。

3. 寒くて・今日は・感じない・春らしさを

＿＿＿＿＿＿＿＿＿＿＿＿＿＿＿＿＿＿＿。

4. アイデアですね・アイデアは・この・君らしい

＿＿＿＿＿＿＿＿＿＿＿＿＿＿＿＿＿＿＿。

5. 病気を・病気らしい・したことが・私は・ありません

＿＿＿＿＿＿＿＿＿＿＿＿＿＿＿＿＿＿＿。

6. 勉強しなさい・遊んで・いないで・学生らしく・ばかり

＿＿＿＿＿＿＿＿＿＿＿＿＿＿＿＿＿＿＿。

九、使用「～に向けて」的表达方式补全句子，尝试写出多个答案。

1. _____に向けて努力します。

2. この講座は_____に向けて行われています。

3. _____に向けて飛行機が飛んでいった。

4. _____問題を無くすために、私は世界に向けて主張します。

5. この問題の解決に向け、_____。

十、从方框中选择合适的选项，使用「Vには」的表达方式，补全句子。

A 本を借りる　　　　B 日本語能力試験N1に合格する
C 空港へ行く　　　　D 痩せる　　　E 何かアドバイスをしてあげる

1. _____情報が少なすぎます。

2. _____どんな勉強が必要でしょうか。

3. _____貸出<ruby>貸出<rt>かしだし</rt></ruby>カードが必要です。

4. _____まず食生活を見直すことから始めましょう。

5. _____バスを利用すると便利ですよ。

十一、从A、B、C、D中选择最佳选项。

（　　）1. 男：昨日、駅で偶然<ruby>偶然<rt>ぐうぜん</rt></ruby>に中学校の王先生に会いました。

女：_____。

A 王先生らしいですね　　　　　　　B お疲れ様でした

C そうですか。　　　　　　　　　　D 王先生に向けて何を言いましたか。

（　　）2. ニュースによると、_____。

A 昨日は雨でした　　　　　　　　　B 明日、上海は必ず雪です

C 風が強かったです　　　　　　　　D あさってから台風が来るそうです

（　　）3. 私は鉄道ファンだから、_____。

A カメラを買って新幹線を撮りたいです　B 鉄道にあまり乗っていない

C 男らしい男です　　　　　　　　　　　D 鉄道についてあまりよく知らない

（　　）4. 男：あのおさるさんがバナナを食べていますよ。

女：_____？

A このバナナはいくら　　　　　　　B どのおさるさん

C どんなことですか　　　　　　　　D 甘いですか

（　　）5. 男：ここから富士山が見えますよ。

女：_____。

A えらいね　　　　　　　　　　　　B 心配するな

C どこ、どこ　　　　　　　　　　　D 見た、見た

（　　）6. 子：お母さん、20日にうちでパーティーをしたいけど……

母：＿＿＿＿＿＿＿。

A すみませんでした　　　　　　　　　B 20日はちょっと……

C お父さんも頑張っています　　　　　D そんなこと気にするな

十二、找出下列句子中有误的部分，画线并改正。

1. このことは王さんを頼んだほうがいいと思います。

＿＿＿＿＿＿＿＿＿＿＿＿＿＿＿＿＿＿＿＿＿＿＿＿＿

2. 最近、よく成績のことを悩んでいます。

＿＿＿＿＿＿＿＿＿＿＿＿＿＿＿＿＿＿＿＿＿＿＿＿＿

3. 私は大学を卒業した後、大学院に入ようと思います。

＿＿＿＿＿＿＿＿＿＿＿＿＿＿＿＿＿＿＿＿＿＿＿＿＿

4. 駅まで走って行って、電車が間に合いました。

＿＿＿＿＿＿＿＿＿＿＿＿＿＿＿＿＿＿＿＿＿＿＿＿＿

5. お仕事を取り組む中で大切にしていることは何ですか。

＿＿＿＿＿＿＿＿＿＿＿＿＿＿＿＿＿＿＿＿＿＿＿＿＿

6. 自分の作ったパンを、お客様が買ってもらえる時はうれしいです。

＿＿＿＿＿＿＿＿＿＿＿＿＿＿＿＿＿＿＿＿＿＿＿＿＿

十三、默写课文。

（一）

記者：今のお仕事で①＿＿＿＿＿＿＿＿＿＿＿＿＿＿＿のはどういう所ですか。

陳　：やりがいを感じるのは、中国の②＿＿＿＿＿＿＿＿＿＿＿＿＿＿＿ことによって、お客さんの夢を形

にするというオーダーメードの仕事ができることです。

記者：オーダーメードのお仕事をされてきて③＿＿＿＿＿＿＿＿＿＿＿＿＿＿＿ことはどんなことですか。

陳　：お客さんが伝統的な家具を④＿＿＿＿＿＿＿＿＿＿＿＿、仕事を頼んでくれることが何よりです。

記者：お仕事に取り組む時、⑤＿＿＿＿＿＿＿＿　　＿＿＿＿＿ことは何でしょうか。

陳　：職人らしく、⑥＿＿＿＿＿＿＿＿＿＿＿＿＿＿＿根気強さを大切にしています。

（二）

記者：お仕事をしていてうれしかったことは何ですか。

福田：お客さんから「きれいな紙ができましたね」と⑦＿＿＿＿＿＿＿＿＿＿＿＿＿＿＿ことです。その

時、今後仕事をやる途中で⑧＿＿＿＿＿＿＿＿＿＿＿＿＿、前に進んでいきたいと思いました。

記者：高校生に向けて、一言⑨＿＿＿＿＿＿＿＿＿＿＿＿＿＿。

福田：思い切って⑩＿＿＿＿＿＿＿＿＿＿＿＿＿、意外と物事って動き出すんです。きっと、⑪＿＿＿＿＿

＿＿＿＿＿＿＿＿＿＿＿が待っていると思います。

ステップ3とステップ4

一、听录音，根据录音内容补全句子。每段录音播放2遍。

1. この事実さえ＿＿＿＿＿＿＿＿＿、この問題は解決できる。

2. 15は3で＿＿＿＿＿＿＿＿＿。

3. この店が無くなるのは惜しいから、＿＿＿＿＿＿＿＿でほしいです。

4. 2時間かけてやっと数学の宿題を＿＿＿＿＿＿＿＿＿＿。

5. 最近の天気は＿＿＿＿＿＿＿＿＿＿です。

二、听录音，每段录音后有2道小题，从题中所给的A、B、C三个选项中选出最佳选项。每段音播放2遍。

(　　) 1. 和食の特徴は何ですか。

　　　A 和食は味はおいしいが、見た目はきれいではない。

　　　B 味はおいしくないが、見た目はきれいだ。

　　　C 和食は味もおいしく、見た目もきれいだ。

(　　) 2. 日本人の食生活はどうなっていますか。

　　　A 海や山などの自然環境と深い関係がある。

　　　B 油が少ないが、塩を多く使っている。

　　　C 魚料理はあまり食べない。

(　　) 3. 李さんは会議のためにどんなことを手伝いますか。

　　　A 椅子を運ぶこと、返すこと、資料を配ること

　　　B 椅子を運ぶこと、並べること、資料を配ること

　　　C 椅子を運ぶこと、返すこと、資料をコピーすること

(　　) 4. 会議の後、李さんは椅子をいくつ戻しますか。

　　　A 5個　　　　　　　　　B 15個　　　　　　　　　C 20個

(　　) 5. 女の人はどんな色のパソコンを買いますか。

　　　A ピンク　　　　　　　B 白　　　　　　　　　　C 青

(　　) 6. スマートフォンの元の値段はいくつらですか

　　　A 15万8000円　　　　　B 13万3000円　　　　　　C 11万5000円

三、听录音，在与录音内容相符的句子前画〇，不符的画×。录音播放2遍。

(　　) 1. スーパーでは数時間ごとに果物などを捨てなければならないんです。

(　　) 2. 期限を過ぎると、食べ物が腐るので、捨てるのも当然です。

(　　) 3. クリスマスに、消費期限が近づくと、たくさんのケーキを捨てるのです。

(　　) 4. スーパーで前日に買った食べ物を次の日に食べるということがあまりありません。

(　　) 5. 日本のスーパーのやり方について疑問に思います。

四、用平假名写出下列日语单词的读音。

1. 誇り＿＿＿＿＿＿
2. 機械＿＿＿＿＿＿
3. 残業＿＿＿＿＿＿
4. 賢い＿＿＿＿＿＿

5. 惜しい＿＿＿＿＿
6. 痒い＿＿＿＿＿
7. 畳む＿＿＿＿＿
8. 目立つ＿＿＿＿＿

9. 含む＿＿＿＿＿
10. 洗濯＿＿＿＿＿
11. 洋服＿＿＿＿＿
12. 遠慮＿＿＿＿＿

13. 先輩＿＿＿＿＿
14. 後輩＿＿＿＿＿
15. 長電話＿＿＿＿＿

五、将下列中文翻译成日语。

1. 测量长度＿＿＿＿＿＿＿＿＿＿
2. 承认事实＿＿＿＿＿＿＿＿＿＿

3. 解决问题＿＿＿＿＿＿＿＿＿＿
4. 掌握要点＿＿＿＿＿＿＿＿＿＿

5. 徒步旅行＿＿＿＿＿＿＿＿＿＿
6. 改正坏习惯＿＿＿＿＿＿＿＿＿

7. 公平分配＿＿＿＿＿＿＿＿＿＿
8. 叠衣服＿＿＿＿＿＿＿＿＿＿

9. 泡澡＿＿＿＿＿＿＿＿＿＿
10. 让父母担心＿＿＿＿＿＿＿＿＿

11. 使街道变整洁＿＿＿＿＿＿＿＿
12. 感到自豪＿＿＿＿＿＿＿＿＿＿

六、仿照示例，使用「Nさえ～ば」的表达方式，根据前项条件写出后项结果（答案不唯一）。

例 地図さえあれば、<u>必ず森の中から出られると思う</u>。

1. インターネットさえあれば、＿＿＿＿＿＿＿＿＿＿＿＿＿＿。

2. 勇気さえあれば、＿＿＿＿＿＿＿＿＿＿＿＿＿＿＿＿＿。

3. 知恵さえあれば＿＿＿＿＿＿＿＿＿＿＿＿＿＿＿＿＿。

4. 時間さえあれば、＿＿＿＿＿＿＿＿＿＿＿＿＿＿＿。

5. 技術さえあれば、＿＿＿＿＿＿＿＿＿＿＿＿＿＿＿。

七、仿照示例，根据括号中的提示，使用「Vてほしい／ないでほしい」的表达方式，表达希望他人做或不做某事。

例 今日は仕事がたくさんある。<u>誰かに手伝ってほしい</u>（手伝う）。

1. たまには主人に＿＿　＿＿＿＿＿＿＿＿＿（料理を作る）。

2. スーパーに行くなら＿＿＿＿＿＿＿＿＿けど、お願いできる？（バナナを買う）

3. みんなに私の故郷に＿＿＿＿＿＿＿＿＿。（来る）

4. 明日はディズニーランドへ行くから、＿＿＿＿＿＿＿＿＿。（雨が降る）

5. この話は誰にも＿＿＿＿＿＿＿＿＿。（言う）

6. 子供が寝ているので、＿＿＿＿＿＿＿＿＿。（静か）

八、根据括号中提示的单词，从方框中选择正确的后缀，并改为适当的形式补全句子。（每个单词只用1次）

切れる	終わる	がち	始める	込む	切る	続ける
出す	がる	合う	換える	取る	直す	すぎる

1. 来週から日本語教室に＿＿＿＿＿＿＿＿。（通う）

2. 突然、雨が＿＿＿＿＿＿＿、びしょ濡れになった。（降る）

3. 私はこの街が大好きですから、結婚してもここに＿＿＿＿＿＿＿つもりです。（住む）

4. 家が古くなってきたので、＿＿＿＿＿＿＿と思っています。（建てる）

5. 田中さんは足を怪我しながらも、なんとか42.195km＿＿＿＿＿＿＿。（走る）

6. 今日はもう勉強＿＿＿＿＿＿＿ので、ゆっくり映画でも見ます。（する）

7. テストの結果が返ってきて、クラスメートと点数を＿＿＿＿＿＿＿。（見せる）

8. 彼は新しくできたテーマパーク（主題公園）にとても＿＿＿＿＿＿＿。（行きたい）

9. 受験前だからといって、先生は＿＿＿＿＿＿＿ほどの宿題を出した。（やる）

10. 彼女は最近仕事を＿＿＿＿＿＿＿だけど、どうしたのかな。（休む）

11. トムさん、さっきからずっと＿＿＿＿＿＿＿よ。（考える）

12. 昨日、お酒を＿＿＿＿＿＿＿から、今日は二日酔いです。（飲む）

13. 私は英語を＿＿＿＿＿＿＿ことが苦手です。（聞く）

14. 目的地へ行くには、この駅で＿＿＿＿＿＿＿てください。（乗る）

九、从A、B、C、D中选择最佳选项。

（　　）1. 男：カニをいっぱい食べてしまいました。

　　　　女：＿＿＿＿＿＿＿。

　　　　A カニが苦手ですか　　　　　　　　　B 決してやめないでください

　　　　C お気の毒ですね　　　　　　　　　　D おなかは大丈夫ですか

（　　）2. 男：どんな色がありますか。

　　　　女：＿＿＿＿＿＿＿。

　　　　A 黒しかないんです　　　　　　　　　B 赤より白と黒のほうがいいです

　　　　C この色はどうですか　　　　　　　　D 黒と白だけが惜しいです

（　　）3. 男：背中がとても痒いから、ちょっと掻いてほしいな。

　　　　女：＿＿＿＿＿＿＿。

　　　　A そうですか　　　　　　　　　　　　B 触るな

　　　　C いいですよ　　　　　　　　　　　　D がんばります

（　　）4. 男：こんなにたくさんのお菓子を一人で食べ切れますか。

　　　　女：＿＿＿＿＿＿＿。

　　　　A 大丈夫です　　　　　　　　　　　　B 退屈ですから

　　　　C 貧乏というわけではありません　　　D プラスでいいと思います

（　　）5. 男：この犬は賢いのでしつけさえすれば、いいペットになります。

　　　　　女：＿＿＿＿＿＿＿。

　　　　　A 道理でうれしそうなわけだ　　　　　　B 道理で賢そうなんだ

　　　　　C だからご機嫌斜めなのだ　　　　　　　D だから、言うことを聞かないんだ

（　　）6. 男：宝物を探すには、穴を掘ることが必要です。

　　　　　女：＿＿＿＿＿＿＿。

　　　　　A 目標に向けて頑張っています　　　　　B せっかく来たのですから

　　　　　C えらいですね　　　　　　　　　　　　D どれぐらい掘るの

十、从方框中选择适当的副词，补全句子。（答案不唯一）

A とうとう	B ちゃんと	C きちんと	D ようやく	E ついでに
F ついに	G あっさり	H ともに	I なるべく	J 非常に

1. 3年かけて一人で作っていた家が、今日＿＿＿＿＿＿完成した。

2. 上司へのメールには、＿＿＿＿＿＿敬語を使っている。

3. 部屋を掃除する＿＿＿＿＿＿、お風呂も洗っておきました。

4. このスープは＿＿＿＿＿＿している。

5. 春が近づくと＿＿＿＿＿＿、少しずつ暖かくなってきた。

6. 明日はテストだから、＿＿＿＿＿＿準備しよう。

7. 貯金するために、＿＿＿＿＿＿外食をしないようにしています。

8. 1週間ずっと雨だったけど、＿＿＿＿＿＿晴れましたね。

9. ＿＿＿＿＿＿厳しい試合になりましたが、みんなで協力して勝ちました。

十一、阅读短文，从A、B、C、D中选择最佳选项。

　　日本語には同じ意味を持つ異なる言葉がたくさんあります。それは日本語の中には、和語と漢語があるからです。会話ではそれらを話し手①＿＿＿＿、使い分けられています。和語は昔から②＿＿＿＿日本語です。漢語は熟語となっていますから、その前後の会話から発音をイメージして考えなければなりません。③＿＿＿＿話し手が何を伝えたいのか充分予測して、理解しなければならないのです。④＿＿＿＿単語の意味が分かることも大切です。⑤＿＿＿＿、漢語である「掃除」の意味は、和語で言うと、「汚れをきれいにする」という意味です。四字熟語である「十人十色」は、「人はそれぞれ考え方が違う」という意味です。

　　また、日本語の中で外来語などは、カタカナ語で表記します。しかし、すでに日本語会話の中で⑥＿＿＿＿使われています。カタカナ語による表記は、時代や流行などによっても⑦＿＿＿＿。

　　カタカナ語の中に日本人にしか通じない英語に似たような言葉がたくさんあります。一般的に「和製英語」と呼ばれていますが、これは日本人が使う⑧＿＿＿＿便利な和製英語です。もちろん日本以外の国で使っても、聞き手には⑨＿＿＿＿。しかし、日本国内で広く使われていますので、覚える必要があります。⑩＿＿＿＿覚えましょう。

（　　）① A 対して　　　　　B によって　　　　　C と共に　　　　　D に関して
（　　）② A 使われる　　　　B 使われた　　　　　C 使われている　　　D 使われていた
（　　）③ A ちょうど　　　　B やがて　　　　　　C よほど　　　　　　D さらに
（　　）④ A もちろん　　　　B ますます　　　　　C 大いに　　　　　　D ついでに
（　　）⑤ A きっと　　　　　B ほるほど　　　　　C 例えば　　　　　　D 当然
（　　）⑥ A なるべく　　　　B 日常的に　　　　　C なんと　　　　　　D 最も
（　　）⑦ A 変化しません　　　　　　　　　　　B 変化しませんでした
　　　　　C 変化しています　　　　　　　　　D 変化していませんでした
（　　）⑧ A うちに　　　　　B から　　　　　　　C ため　　　　　　　D には
（　　）⑨ A 意味が通じます　　　　　　　　　　B 意味が通じません
　　　　　C 意味が通じました　　　　　　　　D 意味が通じませんでした。
（　　）⑩ A しっかり　　　　B ゆっくり　　　　　C はっきり　　　　　D やっぱり

十二、默写课文。

朝6時、北京市内の道はとても静かです。北京西城区の清掃員の馬蘭さんは、①＿＿＿＿＿＿＿＿＿＿
＿＿＿＿＿＿＿、まだ暗いうちに、もう清掃作業を始めました。

彼女の朝の仕事は、路面清掃車の運転です。（省略）②＿＿＿＿＿＿＿＿＿＿＿＿＿＿＿＿＿仕事ですが、
四季に伴う道路の変化が感じられる仕事です。

「例えば、秋になると落ち葉がとても多いです。③＿＿＿＿＿＿＿＿＿＿＿＿＿＿落ち葉の時期が異
なります。柳の葉は最も遅く落ちます。また、柳は落ち葉が多いです。だから、④＿＿＿＿＿＿＿＿＿
＿＿＿＿＿＿柳の木が多い道は毎日2、3回は掃除しなければなりません。これは⑤＿＿＿＿＿＿＿＿＿
＿＿＿＿＿＿ことです」と彼女は言います。

馬さんは、初めはこの仕事が⑥＿＿＿＿＿＿＿＿＿＿＿＿＿＿とは思いませんでした。この仕事を始
めて一年半の時、中華人民共和国成立45周年を祝う⑦＿＿＿＿＿＿＿＿＿＿＿＿＿＿＿が行われ、彼女
はパレード後の長安街の清掃作業を担当しました。彼女は「あの時、私たちは5台の路面清掃車で清掃
しました。⑧＿＿＿＿＿＿＿＿＿＿＿＿時、非常に達成感を感じ、この仕事がとても好きになりま
した」と言います。

馬さんがこの仕事を始めてから、もう10年以上が経ちました。今では町をきれいにする仕事に、彼
女は⑨＿＿＿＿＿＿＿＿＿＿＿＿。⑩「＿＿＿＿＿＿＿＿＿＿＿＿＿＿、遊びに出かけても、ご
みを見ると⑪＿＿＿＿＿＿＿＿＿＿＿＿」と彼女は笑って話します。

町をきれいにするために、馬さんのような清掃員が大勢いるのです。⑫「＿＿＿＿＿＿＿＿＿＿＿＿＿
＿＿＿＿＿＿＿＿＿。私たちの仕事は疲れますが、他の人が体験できない楽しさもあります。ただ、
⑬「＿＿＿＿＿＿＿＿＿＿＿＿＿＿＿＿＿」と、彼女は言います。馬さんたちの誇りは、⑭＿＿＿＿
＿＿＿＿＿＿＿＿＿＿＿＿です。

第二单元总结

第一节：听下面5段录音，每段录音后有1道小题，从题中所给的A、B、C三个选项中选择与录音内容相符的选项。每段录音只播放1遍。

(   ) 1. 2人はいつハイキングをしますか。

       A 今週   B 来週   C 再来週

(   ) 2. 山田さんはこれからどうしますか。

       A 徹夜して勉強する。

       B 試験に集中する。

       C 中村に代わって会議に出席する。

(   ) 3. この2匹の虫はどう違いますか。

       A 羽根の色が少し違う。

       B 足の本数が少し違う。

       C 全く同じです。

(   ) 4. この町はどうですか。

       A お店が少なくて不便だ。

       B 町は大きくて便利だ。

       C 町は大きくなく、ネットショッピングが便利だ。

(   ) 5. 男の人はどのように餃子を食べますか。

       A 熱いうちに食べるのが好きだ。

       B 少し冷めてから食べるのが好きだ。

       C 少し固まってから食べるのが好きだ。

第二节：听下面5段录音，每段录音后有3道小题，从题中所给的A、B、C三个选项中选出最佳选项。每段录音播放2遍。

(   ) 6. 大晦日の年越しの夜に、日本人は何を食べますか。

       A 年越しそば   B 年越しうどん   C 年越しラーメン

(   ) 7. その風習は、いつから始まったのですか。

       A 平安時代   B 鎌倉時代   C 江戸時代

（　　）　8.　なぜその風習がありますか。

A　長寿^{ちょうじゅ}であるのと職人になるのを願うから

B　長寿^{ちょうじゅ}であるのと金を集めるのを願うから

C　職人であるのと、金を集めるのを願うから

（　　）　9.　重陽節^{ちょうようせつ}は何月何日ですか。

A　八月八日　　　　　　　　　　B　九月九日　　　　　　　　　　C　十月十日

（　　）10.　重陽節^{ちょうようせつ}にどうして菊のお酒を飲みますか。

A　家族団らんできるから

B　お金がたくさんもらえるから

C　災^{わざわ}いを避けることができるから

（　　）11.　今は重陽節^{ちょうようせつ}にどんなことをしますか。

A　お菓子などを持って山に登ります。

B　船に乗って粽^{ちまき}を食べます。

C　月餅^{げっぺい}を食べて月を見ます。

（　　）12.　男の人は何日間ホームステイをしましたか。

A　5日間　　　　　　　　　　　B　6日間　　　　　　　　　　　C　7日間

（　　）13.　男の人はお祭りで何をしましたか。

A　踊りました。　　　　　　　B　ゲームをしました。　　　　C　写真を撮りました。

（　　）14.　男の人は何を買いましたか。

A　おもちゃの車を3台買った。

B　お祭りのTシャツを2枚買った。

C　ゲーム機を1台買った。

（　　）15.　日本で初めてテレビ放送をしたのはいつのことですか。

A　1952年3月1日　　　　　　B　1953年1月1日　　　　　　C　1953年2月1日

（　　）16.　当時のテレビの値段は給料の何倍ですか。

A　13倍ぐらい　　　　　　　　B　20倍ぐらい　　　　　　　　C　30倍ぐらい

（　　）17.　当時の人たちはテレビについてどう思っていましたか。

A　テレビは安いものでした。

B　テレビの中に人がいました。

C　テレビはごく普通のものでした。

（　　）18.　椅子取りゲームは昔からどこで人気があったのですか。

A　イギリス　　　　　　　　　B　アフリカ　　　　　　　　　C　ヨーロッパ

（　　）19.　音楽が鳴っている間、みんな何をしますか。

A　みんなで椅子の周りを歩く。

B　みんな急いで椅子に座る。

C　みんなで椅子を持って走る。

（　　）20.　椅子取りゲームでどんな人が負けますか。

A 椅子のない人　　　　　　B 最後に残る人　　　　　　C 急いで走る人

二、从括号中选择正确的单词，填写在横线上。

1. 私は日本の歴史に_____を持っています。（きょうみ　　しゅみ　　しゅと）

2. 私はときどき父の仕事を_____。（つたえる　　てつだう　　つかう）

3. この川は町の中を_____います。（ながして　　ながれて　　たすけて）

4. 私は野菜が好きです。特に_____が好きです。（キャンパス　　カロリー　　キャベツ）

5. 王さんは日本語の_____がとてもきれいです。（はっぴょう　　はつおん　　はいたつ）

6. この結果は彼にとって_____ではありません。（こうよう　　こうへい　　こうえん）

7. 答えは_____でないといけない。（せいかく　　せいかつ　　せいしつ）

三、选出可替换画线部分的选项。

（　　）1. 駅から家まで歩いてだいたい15分ぐらいかかる。
　　　　　A きちんと　　　　B ちゃんと　　　　C およそ　　　　D まったく

（　　）2. 時間は十分あるので、ゆっくり考えてください。
　　　　　A もっと　　　　B はっきり　　　　C たっぷり　　　　D のんびり

（　　）3. バスケットボールの試合で6点も取られ、本当に悔しかった。
　　　　　A 残念だった　　　B 退屈だった　　　C 不足だった　　　D 無駄だった

（　　）4. この新しい商品は確かに便利だ。
　　　　　A なるほど　　　　B じつに　　　　C もっとも　　　　D よほど

（　　）5. 急いで出かけたが、結局は出発時間に間に合わなかった。
　　　　　A きっと　　　　B やはり　　　　C やがて　　　　D あるいは

（　　）6. 彼が結婚したことを少しも知らなかった。
　　　　　A ぜんぜん　　　　B ようやく　　　　C なんと　　　　D だいたい

（　　）7. この人気商品があっという間に売り切れた。
　　　　　A ほとんど　　　　B とうとう　　　　C ついに　　　　D すぐ

四、从A、B、C、D中选出最佳敬语表达方式。

1. 社長、そのかばんはわたくしが（　　　　）。
　　A お持ちいたします　　　B お持ちさしあげます　　C お持ちいただきます　　D お持ちいただけます

2. すみません。一人では持てませんから、手伝って（　　　　）。
　　A いたします　　　　　B させていただきます　　C なります　　　　　　D くださいませんか

3. 忙しい時に、申し訳ありませんが、明日（　　　　）。
　　A 休ませていただきます　　　　　　　　　B 休ませていただけます
　　C 休んでいただきます　　　　　　　　　　D 休んでいただけます

4. この色もございますので、どうぞ（　　　　）。
　　A お見になってください　　　　　　　　　B ご覧ください

C 拝見ください　　　　　　　　　　　　　　D 拝見いたします

5. お名前をお書きの上、3番の窓口に（　　　　　）。

A お出ししてください　　　　　　　　　　B お出しになってください

C お出しいただいてください　　　　　　　D お出しさせてください

6. 遅れて大変申し訳ありません。（　　　　　）。

A お待ちしました　　　　B お待たせします　　　　C お待ちします　　　　D お待たせしました

7. 面接を（　　　　　）ことになっている中村と申します。

A させてくれる　　　　B させられる　　　　C させていただく　　　　D させられていただく

8. 留学生の李：田中先生、お正月はうちに（　　　　　）。

A おっしゃいますか　　　　　　　　　　　B いらっしゃいませんか

C 参りませんか　　　　　　　　　　　　　D 伺いませんか

9. あの方は、山田さんの父親だと（　　　　　）。

A 存じています　　　　B 存じます　　　　C 存じあります　　　　D 存じ上げます

10. 先生からお借りした本を（　　　　　）。

A 読まれていただきました　　　　　　　B 読まされていただきました

C 読ませていただきました　　　　　　　D 読まさせていただきました

11. 申し訳ありませんが、おたばこはご遠慮（　　　　　）。

A もらいませんか　　　　　　　　　　　B もらえませんでしょうか

C いただけませんでしょうか　　　　　　D いただかないでしょうか

12. 失礼ですが、お名前はなんと（　　　　　）。

A おっしゃいますか　　　B いらっしゃいますか　　　C 申しますか　　　　D おりますか

13. お疲れのご様子ですから、今日は（　　　　　）いかがですか。

A 早めにお休みしたら　　　　　　　　　B 早めにお休みになったら

C 早めにお休みいただけたら　　　　　　D 早めにお休みいただけたら

14. 皆様に（　　　　　）機会を楽しみにしております。

A お目にかける　　　　B お目にかかる　　　　C 拝見する　　　　D 拝見いただく

15. （　　　　　）本当に感謝します。

A 助けてもらうと　　　　B お助けして　　　　C 助けてくださり　　　　D お助けあげて

16. 校長先生はまだ（　　　　　）。

A 来080ません　　　B お来になりません　　　C 来てなさいません　　　D お来いたしません

17. これは、校長先生が（　　　　　）本でしょうか。

A お書きした　　　　B 書かせた　　　　C 伺った　　　　D お書きになった

18. いますぐ取って（　　　　　）から、しばらくお待ちください。

A おります　　　　B いたします　　　　C まいります　　　　D いらっしゃいます

19. 社長は昨日の歓迎会に（　　　　　）。

A いらっしゃった　　　　B 参った　　　　C うかがった　　　　D きた

20. 寒くなって（　　　　　）が、ご家族はいかがお過ごしでしょうか。

Aまいりました　　　　Bくださいました　　　　Cいらっしゃいました　Dいただきました

五、中日互译。

中国語	日本語外来語	中国語	日本語外来語
最终目标			タオル
塑料薄膜			メッセージ
偶像			オーダーメード
热潮			ニューヨーク
休闲娱乐			ウクレレ
教育课程			バイオリン
指导手册			パソコン
路线			メール
橡胶			グループチャット
海报			ツール
不利			グローバル
有利			ビジネス
黄金周			デメリット
热量			オートメーション
徒步旅行			ブランド

六、选出画线部分用法最恰当的一项。

（　　）1. 決して

　　　　Aこの一週間、ずっといい天気なので、明日も<u>決して</u>晴れるでしょう。

　　　　B一度約束したことは、彼は<u>決して</u>忘れることはしない。

　　　　C学校のルールを<u>決して</u>守ってください。

　　　　Dこの服は大きくないので、妹は<u>決して</u>着られると思います。

（　　）2. ようやく

　　　　A2年間かけて<u>ようやく</u>、この仕事を完成した。

　　　　B作物が<u>ようやく</u>洪水で流されてしまいました。

　　　　C冷めないうちに、<u>ようやく</u>召し上がってください。

　　　　D日が暮れるから、<u>ようやく</u>家へ帰りなさい。

（　　）3. 日帰り

　　　　A彼は<u>日帰り</u>バスで学校に通っている。

　　　　B昨日、<u>日帰り</u>船で港に行った。

C 日帰り旅行を楽しんでいる。

D 日帰りタクシーがあってとても便利だ。

（　　）4. なるべく

A とても頑張っているから、なるべく大学に合格するでしょう。

B 明日出かけるので、大雪がなるべく降ると思います。

C 寒いので、なるべくドアを開けておきます。

D 忙しいけど、来週の会議はなるべく出席したい。

（　　）5. とうとう

A たとえどんなことがあってもとうとう約束を守ります。

B その子供はとうとう自分の汚い部屋を掃除した。

C そんなことは言われなくてもとうとう自分でできる。

D 諦めずに努力をすればとうとう成功するだろう。

（　　）6. きっと

A 昨日、きっと寒くなりましたが、大丈夫でしょうか。

B 9月になったら、きっと涼しくなるでしょう。

C 暗くなるまで、きっと家に戻らなければなりません。

D 一度使ったものはきっと元のところに戻してください。

（　　）7. 無理

A 無理に勉強すると、いい成績が取れる。

B 3月の末になると、桜が無理に満開します。

C パソコンを使って仕事のスピードが無理に早くなった。

D 無理なお願いだと思いますが、なんとかなりませんか。

七、从方框中选择合适的形容词，并改为适当的形式补全句子。（每个单词只用1次）

惜しい	賢い	痒い	めでたい	恐ろしい	臭い
細かい	鋭い	つらい	とんでもない	喧しい	ぬるい

1. 体を洗ってから再び湯舟（ゆぶね）に入ると、少しお湯が＿＿＿＿＿＿なってきた。

2. ＿＿＿＿＿＿！あと1点で合格だった。

3. なかなか＿＿＿＿＿＿質問ですね。

4. 走りすぎて心臓が苦しくて、＿＿＿＿＿＿。

5. あの会社は＿＿＿＿＿＿ところに手が届くサービスをしてくれるから、気持ちがいい。

6. この度、＿＿＿＿＿＿成功しました！

7. これは、あまり＿＿＿＿＿＿やり方とは言えない。

8. このゴミ箱は＿＿＿＿＿＿から、なんとかしてください。

9. あの人は、＿＿＿＿＿＿ほどの大きい声を出している。

10. ＿＿＿＿＿＿！それは私のミスではありません。

11. 彼は_____ことが気になる性格だ。

12. また大きな地震が来るんだろうか？考えるだけで、_____。

八、从A、B、C、D中选择最佳选项。

（　　） 1. 毎日水をやれば あと一週間_____花が咲くでしょう。
　　　　Aか　　　　　　　Bで　　　　　　　Cに　　　　　　　Dを

（　　） 2. 来週の試験は何曜日だ_____。
　　　　Aか　　　　　　　Bって　　　　　　Cの　　　　　　　Dかな

（　　） 3. 日曜日には掃除をする_____、買い物をする_____して過ごします。
　　　　Aや/や　　　　　Bと/と　　　　　Cも/も　　　　　　Dとか/とか

（　　） 4. この漫画は子供_____、大人にも人気だ。
　　　　Aしかなく　　　　Bまで　　　　　Cさえ　　　　　　Dだけでなく

（　　） 5. 雨が降らない_____外に干している洗濯物を片付けましょう。
　　　　Aので　　　　　　Bから　　　　　Cうちに　　　　　Dおかげで

（　　） 6. 料理教室に通った_____、料理がかなりできるようになった。
　　　　Aせい　　　　　　Bおかげで　　　Cもとに　　　　　Dばかり

（　　） 7. 洗濯機が壊れた_____、洗濯できなかった。
　　　　Aせいか　　　　　Bせいで　　　　Cせいに　　　　　Dせいも

（　　） 8. 少子化_____、今後の子供の数がどんどん減っていくだろう。
　　　　Aに対して　　　　Bについて　　　Cに関して　　　　Dに伴って

（　　） 9. 調査結果_____、商品の値段を決めました。
　　　　Aに基づいて　　　Bにとって　　　Cにつれて　　　　Dに関して

（　　）10. この町のお祭りは_____行われる。
　　　　A 2週間からわたって　 B 2週間までわたって　 C 2週間にわたって　 D 2週間をわたって

（　　）11. 日本人の食生活_____レポートを書きます。
　　　　Aについて　　　　Bにとって　　　Cに向けて　　　　Dにしたがって

（　　）12. 景気がよくなると_____、正確な予測はできない。
　　　　Aいうと　　　　　Bいえば　　　　Cいったら　　　　D いっても

（　　）13. テレビを_____、ご飯を食べないでください。
　　　　A見るとともに　　B見る一方　　　C見ながら　　　　D見るうちに

（　　）14. 雪が降り続いて、場所_____30cm以上積もったところもある。
　　　　Aによって　　　　Bに対して　　　Cに関して　　　　Dについて

（　　）15. 日本の高齢化問題を研究テーマ_____レポートを書くつもりです。
　　　　Aとして　　　　　Bとしては　　　Cとしたら　　　　Dとすれば

（　　）16. 病気の李さんに_____王さんが試合に参加した。
　　　　Aよって　　　　　Bかけて　　　　Cしたがって　　　Dかわって

（　　）17. これから寒くなるから、風邪を引かない_____気を付けてください。

A ように　　　　　　B ために　　　　　　C ほど　　　　　　D ぐらい

（　　）18. あのお母さんは子供に_____、とても悲しんでいます。

A 死んで　　　　　　B 死なせて　　　　　　C 死なれて　　　　　　D 死なされて

（　　）19. 天気予報で_____朝から雨が降ってきた。

A 聞いたまま　　　　B 聞いたとおり　　　　C 聞いたどおり　　　　D 聞いたから

（　　）20. 弟は時間があると、ゲームをやり_____のよ。

A たい　　　　　　　B たがる　　　　　　C やりたかった　　　　D やりたがらない

（　　）21. 早く_____、明日は5時に起きられませんよ。

A 寝ると　　　　　　B 寝たら　　　　　　C 寝れば　　　　　　D 寝ないと

（　　）22. この成績_____、A大学に入るのは十分に余裕がある。

A なら　　　　　　　B こそ　　　　　　　C だけ　　　　　　　D まで

（　　）23. 李さん、この切手が気に入っているなら、_____ましょう。私は同じものを何枚もありますから。

A やり　　　　　　　B くれ　　　　　　　C もらい　　　　　　D あげ

（　　）24. 熱を出したので、今日は早く寝た_____。

A ほうがいい　　　　B ところだ　　　　　C つもりだ　　　　　D ばかりだ

（　　）25. 高校入学を_____、寮生活を始めることになった。

A 通して　　　　　　B 通じて　　　　　C きっかけとして　　　D をもとに

（　　）26. 今年の「春晩」という特別番組はインターネット_____見ました。

A に通じて　　　　　B が通って　　　　　C を通して　　　　　D で通って

（　　）27. 野球_____面白い本を見つけました。

A に関する　　　　　B に比べる　　　　　C に対する　　　　　D について

（　　）28. みんなの前で歌うことが求められると、逃げ出したい_____。

A べきだ　　　　　　B はずだ　　　　　　C つもりだ　　　　　D くらいだ

（　　）29. 雨が降る場合、サッカーの試合は中止する_____。

A ことがなっている　B ことになっている　C ものがなっている　D ものになっている

（　　）30. 彼女はとても優しい人だから、あんなひどいことを_____。

A するわけだ　　　　B するわけもない　　C するはずだ　　　　D するはずはない

九、阅读短文，从A、B、C、D中选择最佳选项。

（一）

中国に①_____どんなお土産を買ったらいいでしょう。お茶や、漢方薬などはそんなに高くない②_____、伝統的な工芸品（こうげいひん）や書道の筆や墨なども見る価値があります。また、女性③_____人気のあるチャイナドレス（旗袍）はオーダーメイドの場合、1週間以内④_____でき、日本で買う⑤_____ずっと安いです。

中国⑥_____お世話になった人へお礼としてプレゼントを渡すときには、「ほんの気持ちですが」⑦_____、「たいしたものではありませんが」など、一言を言うと良い⑧_____。

なお、日本円を人民元⑨_____ 両替するときには、銀行以外に空港やホテル⑩_____ できます。

( ) ① A 行くと　　　　　B 行ったら　　　　　C 行けば　　　　　D 行くのならば
( ) ② A から　　　　　　B ので　　　　　　　C し　　　　　　　D ため
( ) ③ A が　　　　　　　B の　　　　　　　　C で　　　　　　　D に
( ) ④ A で　　　　　　　B に　　　　　　　　C と　　　　　　　D も
( ) ⑤ A より　　　　　　B ほど　　　　　　　C ぐらい　　　　　D に比べると
( ) ⑥ A に　　　　　　　B で　　　　　　　　C と　　　　　　　D が
( ) ⑦ A も　　　　　　　B たり　　　　　　　C ほか　　　　　　D とか
( ) ⑧ A はずです　　　　B つもりです　　　　C でしょう　　　　D ところです
( ) ⑨ A の　　　　　　　B と　　　　　　　　C から　　　　　　D に
( ) ⑩ A で　　　　　　　B でも　　　　　　　C に　　　　　　　D にも

（二）

　　中国人は伝統的な祝日を旧暦で祝います①_____、中でも一番大きな祝日が春節です。春節に②_____、学校や会社は③_____、多くの店も1週間の休みに入ります。人々は地方の実家に帰ります。親戚や友人へのお土産を抱え、列車や、飛行機に乗り込み、長い時間を④_____故郷を目指します。長い旅の後に待っているのは、大晦日に家族が⑤_____一緒に食べる食事です。⑥_____会う家族と祝杯をあげながら料理を美味しく食べます。この時、食卓⑦_____欠かせないのが魚です。中国語⑧_____、魚は「余裕」の「余」と同じ発音で、「余裕ができる」ということを意味し、縁起を担いでいます。⑨_____、大晦日の家族団欒の場に欠かせないのが「春晩」⑩_____特別なテレビ番組です。この番組は、歌あり、踊りあり、演劇あり、お笑いありと内容が豊富で、毎年、高い視聴率を記録します。

( ) ① A が　　　　　　　B だが　　　　　　　C から　　　　　　D と
( ) ② A なると　　　　　B なるので　　　　　C なるから　　　　D なったあと
( ) ③ A なんと　　　　　B 確かに　　　　　　C もちろん　　　　D やっぱり
( ) ④ A 待って　　　　　B 持って　　　　　　C かけて　　　　　D かかって
( ) ⑤ A 合って　　　　　B 会って　　　　　　C 集めて　　　　　D 集まって
( ) ⑥ A 久しぶりで　　　B 久しぶりに　　　　C お互いに　　　　D ともに
( ) ⑦ A に　　　　　　　B で　　　　　　　　C を　　　　　　　D と
( ) ⑧ A には　　　　　　B では　　　　　　　C でも　　　　　　D だけ
( ) ⑨ A ついでに　　　　B だいたい　　　　　C さらに　　　　　D ふだん
( ) ⑩ A など　　　　　　B もっとも　　　　　C といった　　　　D という

《新起点日语第三册一课一练》
答案手册

第1課　効果的な勉強法

ステップ1とステップ2

一、

1.書き方　2.理想的な　3.理解し合う　4.時間的に　5.協力し合って　6.派手な服　7.家事

二、

1.○　2.×　3.×　4.×

三、

		いつもする	あまりしない	全然しない
例	スーパーに自分の袋を持って行く。	○		
1	スーパーでビニール袋（塑料袋）をもらう。			○
2	自転車に乗る。	○		
3	車を使う。		○	
4	古い紙をリサイクルに出す。	○		
5	古い新聞や雑誌をそのまま捨てる。			○
6	瓶や缶をリサイクルする。	○		
7	着ない服を安く売る。	○		

四、

1.かんしん　2.かいしょう　3.ひょうげん　4.がまん　5.かじ　6.はで　7.びんぼう　8.のぞむ

五、

1.ストレスを感じる　2.子供にアドバイスをする　3.いい結果が出た　4.教え方がうまい

5.子供に薬を飲ませる　6.家族が支え合う　7.変化が起こる　8.みんなで助け合う

9.1位を取る　10.子供を信じる

六、

动词的基本形	动词的使役态
飲む	飲ませる
寝る	寝させる
来る	来させる
する	させる
旅行する	旅行させる
勉強する	勉強させる
聞く	聞かせる
切る	切らせる
走る	走らせる
信じる	信じさせる

七、

1. 調べ方　2. 教え方　3. 乗り方　4. 使い方　5. しかた　6. 作り方　7. 見方　8. 着方

八、

1. 代表的な　2. 感情的に　3. 理想的な　4. 伝統的な　5. 歴史的な　6. 計画的に

九、

1. 助け合い　2. 抱き合っ　3. 知り合っ　4. 理解し合う　5. 喜び合い　6. 話し合って

十、

1. 鈴木社長は王さんに会議室の掃除をさせました。

2. 鈴木社長は李さんにお客様に電話をさせました。

3. 鈴木社長は高橋さんに会議用の資料を用意させました。

4. 鈴木社長は山田さんを銀行に行かせました。

5. 鈴木社長は劉さんにお昼のお弁当を注文させました。

十一、

1. 作らせたんです（作らせました）／させたんです（させました）／やらせたんです（やらせました）

2. 習わせて／させて／やらせて　3. 書かせた（書かせてみた）、読ませ／発表させ

4. 飲ませて、寝させて／休ませて　5. 料理をさせて／料理を作らせて

十二、

　　子供の教育は親にとってとても大事な課題です。今の社会は学歴社会とよく言われています。だから、子供をもっとよい学校に行かせるために、小さい時から英語などいろいろなものを習わせたり、塾に通わせたり（行かせたり）する親が多いです。ほかに、ピアノなどの楽器も習わせたりするので、子供の遊ぶ時間が少なくなってしまいます。しかし、私は子供をもっと楽しく友達と遊ばせたり、好きなことをさせたりする必要があると思います。

ステップ3とステップ4

一、

1. 溜まって　2. 答えにくい　3. 遅れた　4. 新たなニーズ　5. 中国の歴史　6. 自然に恵まれている
7. お互いに交流する

二、

（ B ）→（ C ）→（ A ）→（ D ）

三、

1. 書く練習をする　2. 日記を書く　3. 本を読む　4. 相談してみる　5. 心配しない

四、

1. じゅけん　2. わく　3. いきおい　4. ていど　5. きおく　6. けいひ　7. ししゅつ　8. こんなん
9. よさん　10. けずる　11. けっきょく　12. しょうねん　13. あらた　14. ゆるい　15. げんりょう

16. ほうりつ　17. しんけん　18. おたがい　19. きょうみ　20. みなおす

五、

1. やる気がある　　　　2. 回数を増やす　　　　3. テレビのコマーシャルを見る

4. 1時間（が）過ぎる　5. 勉強した内容を整理する　6. 疲れが取れた／疲れを取った　7. 生活が楽ではない

8. 心臓の手術を受ける　9. 手袋をはめる　　　　10. かばんから本を取り出す　11. 興味が強い

12. 学生に厳しい　　　　13. 坂が緩い　　　　　14. シンプルなデザイン　　15. 田舎で生活する

16. コツがある　　　　　17. いい勉強になる　　18. 時間を有効に利用する　　19. 数学の問題を解く

20. 真剣に考える／まじめに考える

六、

1. はい、朝、起きにくいです。／いいえ、起きられます。

2. はい、目が覚めやすいです。／いいえ、あまり目が覚めないんです。

3. はい、風邪を引きやすいです。／いいえ、あまり風邪を引かいないんです。

4. はい、泣きやすいです。／いいえ、あまり泣かないんです。

七、

いい点	よくない点
面接官が優しくて話しやすい。	会社の場所が分かりにくい。
仕事が簡単で、覚えやすそうだ。	コンピューターが古くて、使いにくい。
会社の人たちがよさそうな人なので働きやすそうだ。	ドアが閉まりにくい。

八、

1. 学校が休校になった／朝から強い風が吹いている……

2. 農作物があまり育たなかった……

3. 病気になってしまった／入院してしまった……

4. うまくできなかった／成績が悪かった……

5. しようとする人がいない／いつ始まるかまだ決まっていない……

九、

目的を表す「ため（に）」の番号	原因を表す「ため（に）」の番号
２３５	１４６

十、

1. に対して　2. について　3. にとって　4. によって　5. に比べて　6. として　7. に沿って

十一、

1. 子供についての→子供に対する　　2. 派手ほう→派手なほう

3. 記録することに対して→記録することによって　　4. 変更が困難のため→変更が困難なため

5. 運転やすい→運転しやすい　　6. 私に→私を

十二、

①勉強の回数を増やす　②人間はよく接するもの　③テレビコマーシャルを思い出して

④その商品に対する　⑤予習より復習に重点を置く　⑥予習より復習　⑦勉強は得意科目　⑧ものを食べ
⑨激しい運動も　⑩運動を終えて　⑪寝ること　⑫6時間の睡眠　⑬時間管理について
⑭何に時間を使っているのか　⑮自分が将来どうなりたいの　⑯勉強しているよりもゲームをしている

▌第2課　すいかに塩、トマトに砂糖

ステップ1とステップ2

一、

1. 見かけ　2. 修学旅行　3. 信じるか信じないか　4. 優しい、正直　5. 駅に近ければ

6. 晩ご飯の支度を終えた

二、

1. ×、○　2. ×、○　3. ×、×　4. ×、×　5. ×、○

三、

①気をつけ　②顔を近づけて　③音を立てて　④音を立てないで　⑤口の中に食べ物がある

⑥口の中のもの　⑦同じ手　⑧食べ物を渡す

四、

1. そんちょう　2. ためす　3. くんれん　4. いぶんか　5. まよう

6. かじ　7. ようじ　8. あらわす　9. じっしゅう　10. したく　11. かいはつ

12. もよう 13. しだい　14. しょうじき　15. このむ　16. わかす

五、

1. 文化の違いを乗り越える　2. 道に迷う　3. 新しい方法を試す　4. 火事が起きる

5. 範囲が広い　6. 自分の気持ちを伝える　7. 断る意思を表す　8. 自分の考えを直接言う

9. お湯を沸かす　10. 服が破れる　11. 新しい商品を開発する　12. シャワーを浴びる

13. あっさりした食べ物が好きだ／あっさりした食べ物を好む　14. 静かな曲が好きだ／静かな曲を好む

15. 週末をリラックスして過ごす

六、

1. 今始めたばかりです　2. さっき飲んだばかりです　3. 昨日見たばかりです　4. 午前行ったばかりです

5. 習い始めたばかりな

七、

1. 日本語の勉強を始めたばかりで、まだ簡単な挨拶しかできない。

2. このテレビは2か月前に買ったばかりなのに、もう壊れてしまった。

3. さっきご飯を食べたばかりなので、まだおなかがすいていない。

4. まだ4時になったばかりなのに、外はもう暗くなった。

5. これは去年建てたばかりの家で、とても立派だ。

6. 弟は今出かけたばかりだから、すぐには戻って来ないだろう。

八、

1. 伸ばすか伸ばさないか　2. 行くか行かないか　3. 終わるか終わらないか　4. 受けるか受けないか

5. 好むか好まないか　6. 賛成するか（賛成）しないか　7. 削るか削らないか　8. 増やすか増やさないか

九、

1. 西安では兵馬俑とか大雁塔とか見ました。

2. 成都ではお茶を飲むとかおいしい物を食べるとかしました。

3. マーボー豆腐とか火鍋とかおいしかったです。

4. 中国に対する印象と言えば、文化がおもしろいとか、人々がとても親切だとかですね。

十、

1. 私は週末、プールで泳ぐとか、本を読むとかのんびり過ごします。

2. 私は週末、映画を見るとか、友達と食事するとかのんびり過ごします。

3. 私は週末、おいしい料理を作るとか、テレビを見るとかのんびり過ごします。

4. 私は週末、運動するとか、ゲームをするとかのんびり過ごします。

十一、

1. 10分ぐらい早く家を出れば、いつもの電車に乗り遅れなかったのに／乗れたのに（間に合ったのに）。

2. もっと気をつければ、電車の中に好きな本を落とさなかったのに。

3. 夜遅くまでゲームをしなければ、授業中寝なかったのに。

4. お互いにもっと理解し合えば、友達とけんかをしなかったのに。

5. 風邪を引かなければ、温泉旅行に行けたのに。

6. もっと安ければ、ずっとほしかった携帯電話が買えたのに。

十二、

①「はい」か「いいえ」か　②行くか行かないか　③行けません　④いいえ、行けません

⑤否定の範囲が広くて否定の意味が　⑥強く否定している　⑦相手の誘いを断る

⑧自分の気持ちを伝えている　⑨断る意思を表す　⑩自分の考えを直接言います

ステップ3とステップ4

一、

1. 本を読もう　2. 面倒を見て　3. 体が強い　4. 受験の経験を話して　5. 空気が乾いて　6. 誰でも怒り

二、

1. 歌を歌ってくださった　2. ギターを弾いてくださった　3. スピーチをしてくださった

4. たくさんの経験を話してくださった

三、

1．C　電子辞書を使えば、分からない言葉や文法などを何でも調べることができます。

2．D　電子レンジを使えば、何でも温かくすることができます。

3．A　シェア自転車は誰でも簡単に借りることができます。

4．B　スマートフォンを使えば、いつでも誰にでも電話することができます。

四、

1．こくさい　2．じじょう　3．ふる　4．こおる　5．かわく　6．あたり　7．おうえん　8．はたす

9．はげます　10．えだ　11．くれる　12．かげ　13．こうがい　14．こうよう　15．たね　16．め

五、

1．日本語が身に付く／日本語を身に付ける　2．先生に注意される　3．視野を広げる

4．社会に貢献する／社会に役立つ　5．試験に合格する　6．コストを減らす　7．目標に近づく

8．手が届かない　9．手を振る　10．夢を果たす／夢を実現する　11．種から芽が出る　12．空気が乾く

13．日が暮れる／暗くなる　14．木を燃やす　15．親が私を応援して（支えて）くれる

16．世界とつながる

六、

1．合格しよう　2．入ろう　3．覚えよう　4．つかもう　5．走ろう　6．減らそう　7．慣れよう　8．近づこう

七、

1．ホームステイ先のおばあさんは日本の茶道を教えてくださいました。

2．英語の先生は英語の発音を直してくださいました。

3．田中先生は熱心に作文の指導をしてくださいました。

4．寮の館長さんは親切にしてくださいました。

5．両親はいつも私のことを応援してくださいました。

6，7略

八、

1．ホームステイ先のおばあさんのおかげで、日本の茶道に興味を持つようになった。

2．英語の先生のおかげで、英語に自信を持つようになった。

3．田中先生のおかげで、作文が少しずつ上手に書けるようになった。

4．寮の館長さんのおかげで、日本の生活にすぐ慣れるようになった。

5．両親のおかげで、自分の好きなことができました。

6．7．（略）

九、

1．水は氷点下になると、凍る。

2．気温が急に下がると、霧が発生する。

3．夕焼けが出ると、翌日いい天気になる。

4．ハルビンは冬になると、よく雪が降る。

5. 気温が高いと、開花の時期が早くなる。

6. 梅雨の時期になると、洗濯物がなかなか乾かない。

十、

1. 何時でも　2. いつでも、誰でも／何でも　3. いくつでも／何個でも

4. どれでも／何でも　5. 何でも、いつでも／何でも　6. どこでも

十一、

1. C　2. D　3. B

十二、

1. なりました→なります　2. 真面目とか→真面目だとか

3. 洗ったばかりので→洗ったばかりなので　4. 取った→取れた

5. 指導してもらった→指導してくださった　6. 誰でも→誰とでも

十三、

①少しも日本語が話せません　②ゆっくりと優しく　③いっぱい助けて　④少しずつ身に付いて

⑤日本に来たおかげでいろいろ学べた　⑥世界にはいろいろな国　⑦国によって違う

⑧一人一人が違う

第3課　お年寄りとの接し方

ステップ1とステップ2

一、

1. ご出席　2. 複雑さ　3. 役立たず　4. うらやましがる　5. 寒がっている　6. 恐ろしさを感じ

二、

1. ×　2. ×　3. ×　4. ○

三、

1. C　2. B　3. B　4. C　5. A

四、

1. としより　2. げんじつ　3. きっさてん　4. はじ　5. そうぞう　6. どくりつ　7. わかもの　8. しゅうかん

9. わしつ　10. ちゅうしゃ　11. しわ　12. するどい　13. ろうじん　14. あせる　15. よる　16. なめらか

五、

1. 皺が寄る　2. 口に合う　3. 迷惑をかける　4. 人生を変える　5. 百聞は一見に如かず

6. 思わず知らず　7. 恥知らず　8. よい習慣を身につける　9. クーラーを切る　10. 世話を焼く

11. 話が通じない　12. 心配は要らない　13. 恐ろしさを感じる　14. 健康の大切さに気づく

15. 肉を焼く

六、

1. 真面目さ　2. 大切さ　3. 楽しさ　4. 鋭さ　5. 大変さ　6. 深さ　7. にぎやかさ　8. 広さ

七、

1. F　善书者不择笔　2. C　覆水难收　3. B　会叫的猫不逮耗子／话多者反不行动

4. A　井底之蛙　5. E　饥不择食　6. D　不入虎穴焉得虎子

八、

1. C　2. B　3. C　4. A　5. B　6. D　7. A　8. D

九、

1. ハッピーはよく他の犬と遊びたがります。

2. ハッピーはお風呂を嫌がります。

3. ハッピーはよく外へ出たがります。

4. ハッピーはそばに誰もいないとよく寂しがります。

5. ハッピーは大きい犬をあまり怖がりません。

6. ハッピーは冬でもあまり寒がりません。

十、

①B　②B　③A　④A　⑤A　⑥B　⑦A　⑧A

十一、

①もう一度言ってくれない　②とても良かった　③倒れて　④大騒ぎになって

⑤大事にならなくて　⑥いつも元気な　⑦疲れていた

ステップ3とステップ4

一、

1. 困らせ　2. お待ちしており　3. 試験が終わり　4. 私の勉強部屋　5. 財布を持たずに　6. 食べ物が腐る

二、

1. ×　2. ○　3. ×　4. ○　5. ×

三、

1. B　2. A　3. B　4. A　5. B　6. C

四、

1. ちえ　2. こそだて　3. きんじょ　4. けいこう　5. たいくつ　6. しょどう　7. てつづき

8. くさる　9. なまける　10. あきらめる　11. こうじ　12. せんきょ　13. くさい

14. きぼう　15. やくわり

五、

1. 年寄りと接する　2. 機会が増える／チャンスが増える　3. 話題を出す　4. 生活の知恵を持っている

5. 勉強になる　6. 年を取る　7. 過去の出来事を思い出す／昔のことを思い出す　8. 勉強を怠ける

9. 母を安心させる／母をほっとさせる　10. 関心を寄せる　11. お世話になる

12. 無事に終える／無事に終わる　13. 日本への留学を目指す　14. 水が深い　15. 電気を消す

16. 年寄りを相手にする　17. 選挙に勝つ　18. 昼寝をする　19. 途中で諦める　20. 夢を果たす／夢を実現する

六、

1. うそをついたために、父をすっかり怒らせた。

2. 健康のために、母は毎日子供に野菜を食べさせている。

3. 父はユーモアのある人で、よく周りの人を楽しくさせる。

4. 祖父の病気が少しずつ回復してきて、やっと親を安心させた。

5. 男の人が突然大きな声を出して、隣の人をびっくりさせた。

6. 子供の誕生日に、おもちゃを買ってあげて、子供を喜ばせた。

七、

1. D　2. C　3. B　4. D　5. C　6. D　7. A　8. B

八、

1. B　2. A　3. E　4. C　5. G　6. D　7. F

九、

1. 帰らずに／泊まらずに　2. 過ごさずに／会わずに　3. 撮らずに　4. 何もせずに　5. 出ずに

十、

①外に出ると　②冬になると　③風邪を引くと　④風邪薬を飲むと　⑤眠くなると　⑥マスクをつけないと

十一、

1. 水が→水を　2. 小学生が→小学生を　3. しずに→せずに　4. お心配→ご心配

5. 取れなかったよ→取れないよ　6. 優しいさ→優しさ

十二、

2→4→1→3

　　日本では結婚したら、夫婦は同じ名字（姓）にします。つまり、片方の名字だけを使うのです。普通、女の人が男の人の名字になる場合が多いです。例えば、女性の「長谷川洋子」が男性の「山田次郎」と結婚したら、「山田洋子」になります。しかし、最近は結婚しても名字を変えたくないと思う女性が多くなりました。夫婦が別々の名字を持つことを「夫婦別姓」と言います。最近、この「夫婦別姓」にしたいと考える夫婦が増えてきたようです。

十三、

1. B　2. D　3. A　4. C　5. B　6. A　7. B　8. C　9. D　10. C

十四、

①目標にして　②体操や散歩をする　③興味のある　④運動している人　⑤生活の知恵を持って

⑥相手の得意そうな　⑦勉強になり　⑧うれしくなって　⑨傾向があり　⑩楽しいこと

⑪トレーニングにもなり　⑫話し出せば長くなる

第4課　人間と動物

ステップ1とステップ2

一、

1. 優しく接する　2. スモッグの恐れ　3. 船が沈んだ　4. 珍しくない　5. お届けし　6. がけが崩れ

二、

1. ○　2. ×　3. ○　4. ×

三、

1. B　2. A　3. C　4. C　5. A

四、

1. やしなう　2. せきゆ　3. ぎむ　4. きょうよう　5. まさつ　6. ほうもん　7. がくもん

8. はげむ　9. じんこう　10. しずむ　11. じもと　12. ころす　13. おせん　14. ちゅうもん

15. だんたい　16. けっこん　17. しんゆう　18. じこ　19. はいたつ　20. こきゅう

五、

1. 鼻が上を向く　2. 税金を納める　3. 人口が減少する／人口が減る　4. 摩擦が起こる　5. 大学を訪問する

6. 電球を発明する　7. 学問に励む　8. 動物を守る　9. 保護活動を進める

10. 木から落ちる　11. 荷物を預かる　12. 迷惑をかける　13. 文句を言う　14. マナーを守る

15. 問題を解く　16. 会社をやめる　17. 体が震える　18. 電柱にぶつかる

六、

1. 天気予報によると、明日天津から北京にかけて、大雨の恐れがあるそうです。

2. 天気予報によると、今晩から明日の朝にかけて、台風が上陸するそうです。

3. 7月から8月にかけて、1か月ぐらいアルバイトをする予定です。

4. テレビのニュースによると、北陸から東北にかけて、大雪の被害を受けたそうです。

5. 兄は小学校から高校にかけて、ずっと成績がクラスのトップでした。

6. 中国では毎年の6月6日から10日にかけて、大学の入学試験が行われます。

七、

1. 明日、午前9時半に社内をご案内します。

2. 明日、午前10時にティータイムをご用意します。

3. 明日、午前10時半にプロジェクトについてご相談します。

4. 明日、昼12時に食堂へご案内します。

5. 明日、午後2時に会議室へご案内します。

6. 明日、午後3時に記念写真をお撮りします。

7. 明日、午後4時に空港までお送りします。

八、

1. B　2. D　3. C　4. C　5. A　6. B　7. A　8. C

九、

1. 地震　2. 環境保護　3. 文化　4. 風邪　5. 不注意　6. 大雨

十、

1. 今、書いているところです。

2. いいえ、今からするところです。

3. はい、さっき飲んだところです。

4. 今調べているところです。

5. はい、昨日届いたところです。

6. いいえ、これから探すところです。

十一、

①研究を続けて　②30年を経た　③以上に達して　④森の減少　⑤木の上で暮らす

⑥餌を見つけ　⑦子育てをし　⑧保護活動を進めて　⑨動物の保護に力を入れて　⑩動物たちを守る

ステップ3とステップ4

一、

1. ペットの世話　2. ご遠慮　3. 味方をして　4. 値段も安けれ、デザインもいい

5. 常識はある　6. 料理をする代わり

二、

1. ○　2. ×　3. ×　4. ×

三、

1. C　2. A　3. B　4. C　5. B　6. A

四、

1. ふあん　2. へいき　3. りょうかい　4. かざる　5. なっとく　6. じょうしき

7. せいねん　8. みかた　9. てき　10. にわとり

五、

1. 犬の世話をする　2. ペットを飼う　3. 後ろへ下がる　4. 性格が明るい　5. 質がいい

6. 犬を散歩に連れて行く　7. 地下鉄に乗り換える　8. 敵に負ける　9. 野菜が腐った

10. 部屋に写真を飾る

六、

1. 最近、忙しくて、自分の誕生日さえ忘れてしまった。

2. 祖母は去年から足が弱くなって、歩くことさえできない。

3. 弟は家族にさえ言わないで、会社をやめてしまった。

4. この問題は簡単だから、小学生でさえ解ける。

5. 日本語の敬語は難しくて、日本人でさえうまく使えない人がいる。

6. 喉が痛くて、水さえ飲めない。

七、

1. A　2. B　3. C　4. D　5. C　6. B　7. A　8. D

八、

1. お集まりください　2. お入りください　3. ご連絡ください　4. ご用意ください

5. お伝えください　6. お楽しみください

九、

1. 毎日開いているから、利用できるはずです。

2. 日曜日、学校は休みですから、食堂は開いていないはずです。

3. 誰でも参加できるから、留学生も参加できるはずです。

4. 寮の門限は10時ですから、夜11時以降は入れないはずです。

5. 体育館は夕方7時に閉まるから、放課後は体育館で運動することができるはずです。

6. 学校のインターネットは教職員専用だから、学生は利用できないはずです。

十、

1. 行ける　2. できる　3. 売れる　4. 覚えられる　5. 知らない　6. 忘れる

十一、

1. 山、川／公園、遊園地……　2. よけれ、安い……　3. 楽しみ、苦しみ／楽しいこと、苦しいこと……

4. 餃子、麺類……　5. 予習、復習……　6. 成績、よけれ、スポーツ、上手……

十二、

1. ご電話→お電話

2. 友達さえ→友達にさえ

3. 準備しているところ→準備するところ

4. お書いてください→お書きください

5. 質も悪い→質もいい／デザインもよければ→デザインもよくなければ

十三、

3 → 1 → 4 → 2

　　相手に自分の言いたいことを分かりやすく伝えるために、最も大切なことは何だと思いますか。相手の目を見て話すことでしょうか。誰にでも分かる易しい言葉で話すことでしょうか。自分の言いたいことを相手にきちんと伝えるには話し方や表現も大切ですが、まずは伝えたい内容を自分自身が深く理解しておくことです。内容に少しでも不確かなことがあったら、そのままにしないで、調べたり考えたりする習慣を身につ

けましょう。

十四、

①B ②A ③C ④B ⑤D ⑥C ⑦B ⑧B ⑨A ⑩C

十五、

①掃除をし ②餌をやっ ③毎日の散歩 ④意味を理解した ⑤鳴き声も返し ⑥気持ちがよく分かる

⑦喜んだり怒ったり ⑧悲しい ⑨調子が悪い ⑩自分も変わった ⑪あまり話ができなかった

⑫性格が明るくなった ⑬家族で会話をする

第一单元总结

一、

1. C 2. A 3. C 4. B 5. B 6. A 7. B 8. C 9. B 10. C 11. A 12. A 13. A 14. C 15. B

二、

1. コツ 2. ストレス 3. コマーシャル 4. リサイクル 5. トレーニング 6. キャンパス

7. 関心 8. いきおい 9. きょうみ 10. したく 11. せわ 12. おそれ

三、

1. 溜まり 2. 削ら 3. 伸ばそ 4. 暮れる 5. 好ま

6. 望んで 7. 果たす 8. 表し 9. 寄って 10. 見直す

四、

1. 真剣に 2. 正直な 3. 滑らかな 4. 派手な 5. 平気 6. 新たな 7. 退屈 8. 不安

五、

1. 温く 2. 恐ろしく 3. 鋭い 4. 喧しく 5. 苦く 6. 辛 7. 臭い 8. 細かく

六、

1. C 2. A 3. D 4. A 5. C 6. B 7. D

七、

1. 何でも 2. どちらでも 3. 何でも／いつでも 4. 何時でも 5. 誰でも 6. どこでも

八、

1. 食べずに 2. 消さずに 3. 入らずに 4. 持たずに 5. 閉めずに

九、

1. として 2. よって 3. ついて 4. とって 5. ついて 6. たいして

7. よって 8. とって 9. 沿って 10. よって

十、

1. B 2. C 3. C 4. A 5. D

十一、

1. C 2. B 3. D 4. A 5. C 6. B 7. C 8. D 9. B 10. C

11. A 12. D 13. C 14. D 15. B 16. B 17. A 18. B 19. C 20. A

十二、

①D ②B ③A ④B ⑤A ⑥B ⑦C ⑧D ⑨B ⑩C

⑪B ⑫C ⑬D ⑭A ⑮A ⑯B ⑰C ⑱A ⑲D ⑳D

第5課　祝祭日

ステップ1とステップ2

一、

1. 子供を救う 2. 奥が深い 3. 緊張 4. 生け花 5. 苦い、苦い

二、

1. A 2. B 3. A 4. C 5. B

三、

1. × 2. × 3. ○ 4. × 5. ×

四、

1. たたかい 2. じょうえい 3. ぜいたく 4. かんぽうやく 5. こうふく 6. そしき

7. しょうがい 8. めんせつ 9. おまつり

五、

1. 誕生日を祝う 2. ゴールに着く 3. 水をかけ合う 4. 客を集める 5. 泥棒を追いかける

6. ボールを投げる 7. 春節が近づく 8. トラックに載せる 9. 頭にボールを当てられる／頭にボールが当たる

10. 体が冷える 11. 匂いを嗅ぐ 12. 改めて伺う

六、（答案略）

七、（答案不唯一）

春節になると、親戚がみんなあっちこっちから故郷に帰る。

春節になると、子供がたくさんお年玉をもらう。

春節になると、おいしい料理をたくさん作る。

春節になると、爆竹を鳴らす。

春節になると、獅子舞を見ることができる。

春節になると、「福」の字を書いた赤い紙を貼る。

八、（答案略）

九、

1．A　2．D　3．B　4．D　5．A　6．B　7．A　8．B

十、

1．水かけ祭り　2．おわら風の盆　3．きゅうり祭り　4．チーズ転がし祭り

5．中秋節　6．節分　7．ひな祭り　8．トマト祭り

十一、

①A　②B　③C　④D　⑤B　⑥D　⑦A　⑧B　⑨C　⑩C

十二、

（一）

①具体的に　②前夜祭　③屋台　④ビニールシート　⑤それはいいですね　⑥立てられます

⑦つけられており　⑧英雄　⑨なりそう　⑩トマトをいっぱい載せた　⑪投げ始めます　⑫あっという間

（二）

①当てられて　②潰してから　③破ってはいけません　④持ち込んではいけません　⑤ルール

⑥投げてはいけません　⑦体が洗えます　⑧ありがたいですね　⑨機会があれば　⑩とても楽しみです

ステップ3とステップ4

一、

1．正直に　2．やり切った　3．し続けた　4．順序通りに　5．出席されます

二、

1．C　2．B　3．C　4．C　5．C

三、

1．×　2．○　3．○　4．×　5．○

四、

1．おとしだま　2．れんきゅう　3．おじぎ　4．せんぞ　5．はいゆう　6．しょうばい

7．とこのま　8．ねんぱい　9．あいさつ　10．おしょうがつ　11．しんねん　12．かがみもち

五、

1．地下鉄を降りる　2．玄関の前に飾る　3．願いを込める　4．お辞儀をする　5．蕎麦が切れやすい

6．電話が切れる　7．人気が高い（ある）　8．お酒を注ぐ　9．川が海に注ぐ（流れる）　10．感謝を表す

六、

1．AC　2．AB　3．BC　4．BC　5．ABC　6．AC

七、

1．A　2．F　3．E　4．G　5．B　6．H　7．D　8．C

八、

1. 蹴り続けていた　2. 読みたがっている　3. 投げ始めた／投げ出した　4. 吹き込んだ　5. 書き込んで　6. 枯れ始める　　7. 嫌がる　8. 生み出された　9. 飲み切った　10. 泣き出す／泣き始める

九、

①イギリスに行かれ　②イギリスから帰られる　③A社を訪問される　④国際会議に出席されまし

⑤A社を訪問されます　⑥新入社員の歓迎会で挨拶される

十、

母	母は思い切って北京の家を売って田舎での生活を始めました。
姉	姉は思い切って俳優の道を選びました。
兄	兄は思い切って彼女と別れました。

十一、

友達	友達は小さい時からボランティア活動をし続けています。
鈴木先生	鈴木先生は若いころから中国語を勉強し続けています。
父の会社	父の会社はずっと海外に中国文化を宣伝し続けています。

十二、

1. A　2. C　3. B　4. D　5. B　6. D

十三、

1. ×新暦→旧暦

2. ×特に決まった順序はない→順序通りに並べなければならない

3. ○

4. ×赤い紙→桃の木

5. ×逆さまに張ってはいけない→逆さまに張ってもいい

6. ○　7. ○　8. ○

十四、

①1月1日　②一家団らん　③門松　④降りられる　⑤床の間　⑥お雑煮　⑦いいことがある　⑧お金

⑨お餅　⑩鏡餅　⑪大晦日　⑫そばのように細く長く　⑬うどん　⑭一年の苦労や災い　⑮家族の繁栄

⑯火の神様　⑰火を使わずに　⑱めでたい　⑲重箱　⑳紅白歌合戦　㉑1月1日　㉒1年の健康

㉓大晦日の夜　㉔新年　㉕一年の目標

第6課　気候と日常生活

ステップ1とステップ2

一、

1. 大きくなる見込み　2. コースごとに　3. 直していただき　4. 休ませていただきたいです　5. 上がって

二、

1．B　2．C　3．A　4．C　5．B

三、

1．×　2．×　3．○　4．×　5．×

四、

1．しょうしか　2．かくかぞく　3．わりあい　4．うつりかわり　5．たいき　6．ながれ

7．せいしつ　8．せいたい　9．にじゅうしせっき

五、

1．池を一周回る　2．地球が太陽の周りを回る　3．農業活動に用いる　4．恐れがある　5．文字通り

6．昼と夜の長さが同じだ　7．目を覚ます／目が覚める　8．天気が清らかだ　9．成長にいい

10．秋が訪れる　11．気温が下がる　12．森が茂る　13．雪が降り始める　14．雨の量が増え始める

六、

1．これから家庭用のロボットが増える見込みです。

2．これから子供の数が減る見込みです。

3．これから学校教育における競争が一層激しくなる見込みです。

4．これからいろいろな専門学校が増える見込みです。

5．これからスマートフォンがますます普及する見込みです。

七、

キーワード	文
例：オリンピック、4年、行われる	オリンピックは4年ごとに行われる。
1．システム、1年、更新される	このシステムは一年ごとに更新される。
2．1日、痩せていく	1日ごとに痩せていく。
3．失敗する、成長する	一つ失敗するごとにまた一つ成長する。
4．経験を重ねる、自信が得られる	経験を重ねるごとに自信が得られる。
5．グループ、意見を発表する	グループごとに意見を発表してください。

八、

1．（李先生へ）日本語をたくさん教えていただき、心から感謝しております。

2．（張先生へ）大学のことを紹介していただき、心から感謝しております。

3．（劉先生へ）私が自信を無くした時、励ましていただき、心から感謝しております。

4．（佐藤さんへ）私が困った時、助けていただき、心から感謝しております。

九、

1．今から発表会を始めさせていただきます。

2．今日の会場について案内させていただきます。

3．試合のルールについて説明させていただきます。

4．（すみませんが、）質問させていただきます。

5．この作品について紹介させていただきます。

十、

1．B　2．A　3．D　4．B　5．A　6．C

十一、

1．見ます→読みます　2．を決める→が決まる　3．に→を　4．と→まで　5．ほとんど→きっと（たぶん）

6．下げて→下がり

十二、

①B　②A　③B　④D　⑤B　⑥B　⑦A　⑧B　⑨D　⑩C

十三、

（一）

①古代の中国人　②知恵　③決められている　④あった　⑤作られている

（二）

⑥雨が雪に変わる　⑦本格的な冬　⑧寒中見舞い　⑨厳しい　⑩寒い日

ステップ3とステップ4

一、

1．C　2．B　3．A　4．B　5．C

二、

1．A　2．B　3．C　4．C　5．B

三、

1．○　2．×　3．×　4．○　5．○

四、

1．いさん　2．しゅうだん　3．るす　4．みまい　5．ばいてん　6．しんど　7．けいき　8．はし　9．ざいさん

10．こせい　11．こんじょう　12．みらい　13．ねんりょう　14．ひょうめん　15．にさんかたんそ

五、

1．要求に従う　2．代わりに受け取る　3．鍵が見つからない　4．星が光る　5．運命を握る

6．成功への鍵を握る　7．変化をもたらす　8．数が増加する　9．自然環境が破壊される　10．消費を減らす

六、

1．で　2．さえ／しか　3．と／を　4．か　5．しか／さえ　6．か　7．も　8．に

七、

1．G　2．J　3．C　4．I　5．A　6．H　7．F　8．D　9．B　10．E

八、

1．帰られます→お帰りになります

2. 訪問されます→ご訪問になります

3. 出席されます→ご出席になります

4. 挨拶されます→ご挨拶になります

5. 撮られます→お撮りになります

6. 参加されない→ご参加になりません

九、答案不唯一

1. （趣味）私の趣味はいろいろあります。スポーツのほかに、読書も好きです。

2. （得意な科目）私の得意な科目は数学です。ほかには、歴史も得意です。

3. （好きな食べ物）私はチョコレートのほかに、和菓子も好きです。

4. （休みの日にしたいこと）私は休みの日に映画を見に行くほかに、買い物にも行きたいです。

5. （これまで旅行に行ったところ）これまで旅行に行ったところは、上海のほかにアモイと香港です。

十、

1. もしかしたら、父と母のほうが正しいかもしれません。

　もしかしたら、父と母の考えがまた変わるかもしれません。

2. もしかしたら、重要な活動だからかもしれません。

　もしかしたら、明日は参加者がもっと多くなるかもしれません。

3. もしかしたら、試験問題が簡単だったかもしれません。

　もしかしたら、次回の試験は難しくなるかもしれません。

十一、

1. バスケット／本／友達……　2. パスポート／携帯電話……　3. 場所／値段／家の形……

4. 自分の興味／学校の環境／将来性のある専攻……　5. 安全／楽しむこと……

十二、

①A　②D　③C　④B　⑤A　⑥C　⑦B　⑧D　⑨A　⑩B

十三、

（一）

①申します　②担当させていただきます　③参加していただき　④始めさせていただきます　⑤加わる

⑥紹介してくれる　⑦お願いします

（二）

⑧いかがでしたでしょうか　⑨すごい　⑩従って　⑪世界無形文化遺産　⑫これこそ　⑬そう言えば

⑭餃子を食べる　⑮耳の形に似ています　⑯おもしろいですね　⑰ぜひ来てください

第7課　長寿企業の秘訣

ステップ1とステップ2

一、

1. 経験を積みたい　2. プラスのことになる　3. うまくなくてもいい　4. 伺いました　5. 常識から外れた

二、

1. C　2. A　3. C　4. B　5. B

三、

1. ×　2. ×　3. ○　4. ×　5. ×

四、

1. かち　2. せいしん　3. つきあい　4. しにせ　5. とくいさき　6. れんらくさき　7. わりかん

8. てんらんかい　9. かぶき　10. かくれる　11. ひとがら　12. はら　13. しゅうしょく　14. しんよう

15. しょうばい　16. かんじょう

五、

1. 伝統を受け継ぐ　2. 伝統文化を伝える　3. おいしいものにこだわる　4. 海に囲まれる　5. 手を抜く

6. 経験を積む　7. 老後に備える　8. 準備を済ませる　9. 花が散る　10. 雨が止む　11. ドアの後ろに隠れる

12. 常識から外れる　13. 会社を経営する　14. テレビで報道される

六、

1.（1）氷が溶けないうちに早く運んでください。（2）寒いうちに氷を早く運んでください。

2.（1）雨が降らないうちに家に帰ってください。（2）暗くならないうちに家に帰ってください。

3.（1）新鮮なうちに、魚を食べてください。（2）悪くならないうちに魚を食べてください。

七、

动词基本形	特殊尊他敬语动词	特殊自谦敬语动词
例：　　行く・来る	いらっしゃる	伺う / 参る
いる	いらっしゃる	おる
する	なさる	致す
くれる	くださる	————————
もらう	————————	いただく
食べる・飲む	召し上がる	いただく
言う	おっしゃる	申し上げる
見る	ご覧になる	拝見する
会う	————————	お目にかかる
読む	————————	拝読する
聴く	————————	拝聴する
聞く	————————	伺う
知る	————————	存じる

八、

1. この本なら、読んでもいい。／この本なら、読まなくてもいい。

2. 一年生なら、その試験を受けてもいい。／一年生なら、その試験を受けなくてもいい。

3. 留学生なら、文化祭に参加してもいい。／留学生なら、文化祭に参加しなくてもいい。

九、

1. 今の体重は52キロで、先月は54キロでした。つまり、2キロ痩せたわけです。

2. 彼女は日本で3年間働いていたので、日本のことに詳しいわけです。

3. 電気製品を作る工場がたくさんあるので、電気製品の値段が安いわけです。

十、

1. C　2. D　3. C　4. B　5. B　6. D

十一、

1. のに→のを　2. 前に→前を　3. パーティーで→パーティーに　4. ですから→ですが／のですから→のに

5. 工場に→工場で　6. お連絡→ご連絡

十二、

（一）

①召し上がってください　②気を使わなくても　③いただきます　④ところで

⑤美味しいわけですね　⑥なんと3万3000社以上もある

（二）

⑦長く続く　⑧地理的な環境　⑨一つの原因ではないでしょうか　⑩あまり手を抜かない

⑪しっかりと受け継がれている

ステップ3とステップ4

一、

1. 短く　2. 小学生にまで　3. 安全　4. 頼みづらい　5. 人生が終わる

二、

1. B　2. C　3. A　4. C　5. B

三、

1. ○　2. ×　　3. ×　4. ○　5. ×

四、

1. ぼうえき　2. えいよう　3. やね　4. したぎ　5. せつび　6. すいどう

7. くせ　8. りえき　9. じょうけん　10. きゅうりょう　11. ほうかい　12. ちょきん

五、

1. 砂糖を加える／砂糖を入れる　2. ガラスが割れる　3. お金を貯める／貯金する　4. マイナスの結果になる

5. プラスの結果になる　6. 斜めに張る　7. 結果を知らせる　8. アドバイスをもらう　9. アドバイスを受ける

10. 困難を乗り越える　11. 競争に勝つ　12. 仕事の成果が上がった　13. 食べ物を無駄にする

14. 水を大切にする　15. 時間が合わない　16. 質がいい

六、

例：会社の規模	5年をかけて、会社の規模をもっと大きくしたいです。 （少なくとも今までの3倍にしたいと思います。）
商品の種類	商品の種類をもっと多くしたいと思います。 商品の種類をもっと豊富にしたいと思います。 （少なくとも2万種類にしたいと思います。）
商品の値段	商品の値段をもっと安くしたいと思います。 （少なくとも今までの半分にしたいと思います。）
商品の質	商品の質をもっとよくしたいと思います。 （お客さんからのクレーム（投诉）をゼロにしたいと思います。）
会社の影響力	会社の影響力をもっと大きくしたいと思います。 （少なくとも東アジアでよく知られるようにしたいと思います。）

七、

1. ほかの人がそう言うのは仕方がないんですが、君までそんなことを言うんですか。

2. ほかの人が僕を信じてくれないのは仕方がないんですが、一番信頼している友達まで僕を信じてくれないのです。

3. 周りの人にばかにされているのは分かっていますが、子供にまでばかにされているのは我慢できません。

4. 彼が何でもよく買うのを知っていますが、そんなつまらないものまで買うとは知りませんでした。

八、

この大学の先生になる。	・博士号がないといけない。 ・研究成果がないといけない。
管理者になる。	・実際の経験がないといけない。 ・業務について詳しく知らないといけない。
ここに車を止める。	・許可がないといけない。 ・お金を払わないといけない。
この大学に入る。	・成績が650点以上でないといけない。 ・視力（しりょく）がよくないといけない。

九、

1. 見づらく、見やすく　2. 見づらい、見づらい　3. 捕まえづらい　4. 乗りやすかった、乗りづらく

5. 借りやすい、借りづらい

十、

友達が少ない。	友達が少ないですが、別にいないわけではありません。
たくさん本を持っている。	たくさん本を持っていますが、別に全部読んだわけではありません。

理学部生である。	理学部の学生ですが、別に数学が得意だというわけではありません。
ハンバーグをよく食べる。	ハンバーグをよく食べるのですが、別に好きなわけではありません。

十一、

1. C 2. D 3. A 4. G 5. E 6. B 7. H 8. F

十二、

1. 音楽が→音楽を 2. こう言えば→そう言えば 3. 本屋に→本屋から／本屋に→本屋まで

4. 母を→母に 5. 思います→思っています／山田さん→私 6. エンジニアが→エンジニアを

十三、

1. C 2. H 3. A 4. G 5. E 6. B 7. D 8. F

十四、

①報告・連絡・相談 ②部下が上司に ③後輩から先輩に ④情報を関係者に知らせる ⑤意見を聞き

⑥大きな影響を与えた ⑦バブルが崩壊した ⑧大きな投資をしなくても ⑨パソコンやインターネット

⑩スマートフォン ⑪グローバル競争 ⑫デメリット

第8課　仕事への態度

ステップ1とステップ2

一、

1. 逃げるな 2. たばこの火から 3. 春らしく 4. 科学が好きな人 5. 使い捨ての生活習慣

二、

1. A 2. C 3. A 4. B 5. B 6. A

三、

1. × 2. × 3. × 4. × 5. ○

四、

1. がっき 2. ふた 3. みりょく 4. せんそう 5. ふれあい 6. つかいすて 7. いしょくじゅう

8. じじつ 9. きのどく 10. うちゅう 11. どろぼう 12. ほぞん 13. くべつ 14. あいず 15. ぶかつ

五、

1. 楽器を作り出す／楽器を作る 2. ご飯を炊く 3. 失敗を恐れる 4. 泥棒を追いかける 5. 木の枝を折る

6. 遺産を争う 7. 作品に触る 8. 気にする 9. 財布を無くす 10. 世界に向ける 11. 砂糖と牛乳を混ぜる

12. 環境を守る

六、

角色	対象	情境	禁止的内容
例：母	子供	在路上随意扔垃圾	道にごみを捨てるな。
父	子供	和朋友吵架	友達と喧嘩するな。
先生	生徒	在走廊里乱跑	廊下を走るな。
サークルの先輩	後輩	训练时随意休息	練習中に勝手に休むな。
部長	社員	开会迟到	会議に遅れるな。

七、

1. H　2. A　3. E　4. F　5. D　6. B　7. C　8. G

八、

1. 今日は暖かく春らしい天気だ。

2. 今日は春らしく暖かい天気だ。

3. 今日は寒くて春らしさを感じない。

4. このアイデアは君らしいアイデアですね。

5. 私は病気らしい病気をしたことがありません。

6. 遊んでばかりいないで、学生らしく勉強しなさい。

九、

1. 試験／目標／スピーチコンテスト／将来……

2. 外国人／留学生／子供……

3. 東／西／南／西……

4. 環境／貧困／人口／食料〔しょくりょう〕……

5. 人を増やして取り組んでいる／話し合っています／新しい技術を開発しています……

十、

1. 何かアドバイスをしてあげるには情報が少なすぎます。

2. 日本語能力試験N1に合格するにはどんな勉強が必要でしょうか。

3. 本を借りるには貸出カードが必要です。

4. 痩せるにはまず食生活を見直すことから始めましょう。

5. 空港へ行くにはバスを利用すると便利ですよ。

十一、

1. C　2. D　3. A　4. B　5. C　6. B

十二、

1. 王さんを→王さんに　2. ことを→ことで（ことに）　3. 入ようと→入ろうと　4. 電車が→電車に

5. お仕事を→お仕事に　6. お客様が→お客様に

十三、

（一）

①やりがいがある　②伝統的な家具を作る　③うれしかった　④気に入ってくれて　⑤大切にしている

⑥最後までやり遂げる

（二）

⑦言っていただけた　⑧どんな失敗があっても　⑨メッセージをお願いします

⑩一歩足を踏み出してみたら　⑪楽しいこと

ステップ3とステップ4

一、

1. 認めれば　2. 割り切れる　3. 閉じない　4. やり終わりました　5. 曇りがち

二、

1. C　2. A　3. A　4. C　5. B　6. B

三、

2. ×　2. ×　3. ○　4. ×　5. ○

四、

1. ほこり　2. きかい　3. ざんぎょう　4. かしこい　5. おしい　6. かゆい　7. たたむ　8. めだつ　9. ふくむ

10. せんたく　11. ようふく　12. えんりょ　13. せんぱい　14. こうはい　15. ながでんわ

五、

1. 長さを計る　2. 事実を認める　3. 問題を解決する　4. 要点を押さえる　5. ハイキングに行く　6. 癖を直す

7. 公平に分ける　8. 服を畳む　9. お風呂に入る　10. 親に心配をかける　11. 町をきれいにする

12. 誇りに思う

六、

1. インターネットさえあれば、どこででも仕事ができます。

2. 勇気さえあれば、どんな困難でも乗り越えられると思います。

3. 知恵さえあれば、どんな問題でも解決できると思います。

4. 時間さえあれば、ずっと書道を続けたいです。

5. 技術さえあれば、砂漠でも米を作ることができます。

七、

1. 料理を作ってほしい　2. バナナを買ってほしい　3. 来てほしい　4. 雨が降らないでほしい

5. 言わないでほしい　6. 静かにしてほしい

八、

1. 通い始める　2. 降り出し　3. 住み続ける　4. 建て直そう　5. 走り切った　6. し終わった　7. 見せ合った

8. 行きたがっている　9. やり切れない　10. 休みがち　11. 考え込んでいる　12. 飲み過ぎました

13. 聞き取る　14.　乗り換え

九、

1. D　2. A　3. C　4. A　5. B　6. D

十、

1. A／D／F　2. B／C　3. E　4. G　5. H　6. B／C　7. I　8. A／D／F　9. J

十一、

①B　②C　③D　④A　⑤C　⑥B　⑦C　⑧D　⑨B　⑩A

十二、

①いつもと同じように　②つまらないと思われがちな　③木の種類によって　④その時期になると

⑤私たちが気を付けている　⑥そんなに良い仕事だ　⑦パレード　⑧広い長安街を元の様子に戻した

⑨とても満足しています　⑩職業柄　⑪押しつぶして回収したくなるんです

⑫どのような仕事にも辛い所は必ずあります　⑬他の人には分からないだけなのです　⑭きれいな町なの

第二単元总结

一、

1. C　2. B　3. A　4. C　5. B　6. A　7. C　8. B　9. B　10. C　11. A　12. A　13. C　14. B　15. C　16. A

17. B　18. C　19. A　20. A

二、

1. きょうみ　2. てつだう　3. ながれて　4. キャベツ　5. はつおん　6. こうへい　7. せいかく

三、

1. C　2. C　3. A　4. B　5. B　6. A　7. D

四、

1. A　2. D　3. A　4. B　5. B　6. D　7. C　8. B　9. B　10. C.　11. C　12. A　13. B　14. B　15. C

16. A　17. D　18. C　19. A　20. A

五、

中国語	日本語	中国語	日本語
最終目标	ゴール	毛巾	タオル
塑料薄膜	ビニール	消息	メッセージ
偶像	アイドル	定制	オーダーメード
热潮	ブーム	纽约	ニューヨーク
休闲娱乐	レジャー	尤克里里	ウクレレ
教育课程	カリキュラム	小提琴	バイオリン
指导手册	ガイドブック	个人电脑	パソコン
路线	コース	邮件	メール
橡胶	ゴム	微信中的"群聊"功能	グループチャット

中国語	日本語	中国語	日本語
海报	ポスター	工具	ツール
不利	マイナス	全球的	グローバル
有利	プラス	商务	ビジネス
黄金周	ゴールデンウイーク	短处	デメリット
热量	カロリー	自动化	オートメーション
徒步旅行	ハイキング	品牌	ブランド

六、

1．B　2．A　3．C　4．D　5．B　6．B　7．D

七、

1．ぬるく　2．惜しい　3．鋭い　4．つらい　5．痒い　6．めでたく　7．賢い　8．臭い　9．喧しい

10．とんでもない　11．細かい　12．恐ろしい

八、

1．B　2．B　3．D　4．D　5．C　6．B　7．B　8．D　9．A　10．C　11．A　12．D　13．C　14．A　15．A　16．D

17．A　18．C　19．B　20．B　21．D　22．A　23．D　24．A　25．C　26．C　27．A　28．D　29．B　30．D

九、

（一）

①B　②C　③D　④A　⑤A　⑥B　⑦D　⑧C　⑨D　⑩B

（二）

①A　②A　③C　④C　⑤D　⑥B　⑦A　⑧B　⑨C　⑩D

第1課　効果的な勉強法

ステップ1とステップ2

一、

1. 王さん、この漢字の書き方を教えてください。

2. 田中さんにとって、理想的な家庭はどんな家庭ですか。

3. 親と子供は理解し合うことが大事です。

4. 佐藤さん、土曜日時間的に大丈夫なら、久しぶりに映画でもどうでしょうか。

5. 運動会の時、みんなで協力し合って、いい成績を取った。

6. 妹はいつも派手な服を着ています。

7. 小さい時、母はよく私に家事をさせました。

二、

女：今日は仕事が休みだから、暇でしょう。この間壊れた椅子、直してくれる？

男：今日直すの？昨日も遅くまで働いていたから、疲れているんだけど。

女：お願い！今度の水曜日に友達が3人遊びに来るのよ。

男：仕方<ruby>方<rt>しかた</rt></ruby>がないなあ。でも、直す前に、コーヒーが飲みたいなあ。おいしいコーヒーを飲んだら、頑張れると思うんだ。

女：はい、はい、分かった。じゃあ、ちょっと待ってね。

男：それから、直した後はビールがいいなあ。ビール冷やしてある？

女：ごめん！ビールないのよ。飲みたかったら、自分で買ってきて。

男：僕が？！じゃあ、椅子、直してからスーパーに行くよ。

女：スーパーに行くなら、ついでにこの葉書を出してきてね。

男：分かったよ。

三、

男：今日は小野さんに環境に優しい生活について聞きたいです。よろしくお願いします。

女：よろしくお願いします。

男：小野さんは環境に優しい生活をするために、どんなことをしていますか。

女：そうですね。スーパーに行く時、いつも自分の袋を持っていきます。だから、スーパーの袋はもらいません。それから、出かける時はよく自転車に乗るので、車はあまり使いません。

男：へえ、そうですか。

女：また、要らなくなった紙はいつもリサイクルに出すので、新聞や雑誌などは全然捨てません。それから、瓶や缶も捨てないで、いつもリサイクルするんです。

男：へえ、すごいですね。要らなくなった服はどうしますか。

女：着ない服はいつもインターネットで安く売ります。

男：そうですか。でも、いつもリサイクルするのは大変じゃないですか。

女：いいえ、全然大変じゃないですよ。簡単だから誰でもできますよ。

男：そうですか。小野さんはすごいですね。私もこれから環境に優しい生活をするために頑張ります。

ステップ3とステップ4

一、

1. 最近、仕事が溜まっていて、毎日遅くまで働いています。

2. 張先生はときどき答えにくい質問を出します。

3. 連絡が遅れたため、相手に謝りました。

4. 消費者の影響で、新たなニーズが生み出されました。

5. 田中さんは中国の歴史に対する興味がとても強いです。

6. 私のふるさとは自然に恵まれているところだと思います。

7. お互いに交流することによって、友情を深めます。

二、

　みなさん、今日は日本のロボットについて話します。今、日本には歩くロボット、ピアノを弾くロボット、話すロボットなどがあります。70年代に考えるロボットが生まれてから、続いて歩くロボットができました。また、2000年代に入った後は、人と一緒に生活するロボットが増えてきました。そして、2011年に東日本大震災が起こった後、ロボットは人が入れない場所で働くようになりました。これから、人とロボットの関係はますます深くなるでしょう。

三、

女：山本さん、ちょっと相談したいことがあるんですが……。

男：はい、王さん、どうしたんですか。

女：実は先週、出した日本語の作文の成績がすごく悪かったんです。書くのが苦手だから、これからもっと書く練習をすることにしたんですが、ほかに何かアドバイスをもらえませんか。

男：そうですねえ。簡単な日記を書いてみたらどうですか。いい練習ができると思いますよ。

女：ああ、それはいいアイディアですね。じゃあ、今晩から毎日日記を書くことにします。

男：それから、日本語の文章や本を読むのもいいと思います。

女：そうですか。最近、あまり本を読んでいなかったけど、これからは週末に本を読むことにします。

男：ところで、先生には相談してみましたか。いいアドバイスがもらえると思いますよ。

女：そうですね。明日、先生に相談してみましょう。

男：たくさん練習すれば、少しずつ上手に書けるようになると思いますから、大丈夫ですよ。

女：そうですね。必要以上に心配しないことにします。今日は話を聞いてくれてありがとう。

第2課　すいかに塩、トマトに砂糖

一、

1. サッカー部の学生たちが熱心に訓練している様子をよく見かけます。

2. 週末の修学旅行に行くか行かないか迷っています。

3. 信じるか信じないかあなたの自由です。

4. 優しいとか正直だとかは、田中さんのすばらしいところです。

5. アパートがもう少し駅に近ければ、便利なのに。

6. 母が晩ご飯の支度を終えたばかりの時に、父が帰ってきた。

二、

　もしもし、たけしです。おじいさん、お元気ですか。

　私が中国に来て、あっという間に2か月になりました。来たばかりのころは、こちらの食事に慣れないとか、夜よく寝られないとか、いろいろなことで、苦労しましたが、今はだんだん慣れてきました。今は毎日食堂のご飯をおいしく食べているし、夜も前よりよく寝られるようになりました。勉強のほうで、困っているのは、中国語の専門用語がまだよくわからないことと、英語がなかなかうまく話せないことです。最初は、分からない問題があっても、先生や友達に聞こうか聞かないか迷ってばかりいましたが、みんな親切にしてくれるので、今は自然に質問できるようになりました。毎日、楽しく過ごしていますから、ぼくのことは心配しないでください。おじいさんもお元気で。

　それでは、また連絡します。

三、

　食事をする時、マナーなどいろいろ気を付けなくてはいけないことがあります。テーブルの上の食器に顔を近づけて食べてはいけません。日本ではうどんやそばなどの麺類は音を立てて食べてもいいですが、その他は音を立てないで食べたほうがいいです。また、口の中に食べ物がある時は話してはいけません。口の中のものを全部食べてから、話したほうがいいです。ほかに、同じ手でお箸とお茶碗を一緒に持ってはいけません。お箸でお皿を動かしたり、お箸からお箸へ食べ物を渡すのもよくありません。

一、

1. 毎日1時間本を読もうとしましたが、どうしても続けられませんでした。

2. いろいろと面倒を見てくださって、ほんとうにありがとうございました。

3. 体が強いおかげで、風邪にかかりにくい。

4. 先輩は私たちに受験の経験を話してくださいました。

5. 私の町は秋になると、空気が乾いてきます。

6. そんなことを言われたら、誰でも怒ります。

二、

　　今日はとても幸せな一日だった。新入社員の歓迎パーティーにたくさんの方が来てくださった。パーティーで、佐藤さんは歌を歌ってくださった。私は佐藤さんの歌が大好きだったので、とてもうれしかった。田中さんは佐藤さんの歌に合わせて、ギターを弾いてくださった。とても上手だった。高橋部長と鈴木課長も出席してくださった。高橋部長はスピーチをしてくださった。とてもいいスピーチで、感動した。鈴木課長はたくさんの経験話をしてくださった。いい勉強になった。新しい会社の雰囲気がとても好きだ。これからみなさんと頑張って働きたい。

三、

1. これは外国語の勉強にとても役に立ちます。これを使えば、分からない言葉や文法などを何でも調べることができます。紙の辞書より小さくて軽いので、持ち運びがとても便利です。

2. これを使えば、冷たいものを温かくすることができます。また、これで料理を作ることもできます。作り方がとても簡単ですから、料理が初めての人でも安心です。

3. これは近年、中国で流行っている自転車の貸し出しサービスです。登録（とうろく）すれば、誰でも簡単に借りることができます。駅や学校の前などではいつでも借りることができるので、とても便利です。値段も高くなくて、環境にいいサービスです。

4. 小型（こがた）でポケットに入れて持ち運びができて、ほとんどの人が使っています。いつでも、誰にでも電話することができます。今は電話だけではなくて、写真を撮るとか、メールを送るとか、音楽を聞くとか、いろいろなことができるので、たくさんの人に使われています。

第3課　お年寄りとの接し方

ステップ1とステップ2

一、

1. ご出席どうもありがとうございます。
2. システムの複雑さは想像以上です。
3. 高い値段で買ったものなのに、親に役立たずと言われてしまった。
4. 若者がうらやましがるような大人になりたいです。
5. おばあさんが寒がっているから、ストーブ（电暖炉）をつけましょう。
6. この度、自然災害の恐ろしさを感じました。

二、

　　母は病院で働いています。病人（びょうにん）の世話をするのが仕事で、夜の仕事の日もあります。小さい頃は、母が家にいないと、よく寂しがって泣いていたと父から聞きました。今、私はもう高校生になり、洗濯や掃除などの家事もよく手伝います。母は病人の世話も大変なのに、家のことも子育ても頑張っていたと思います。私はそんな母の背中を見ながら「将来、お母さんのような人になりたい」と思っています。

三、

1.

女：先生、勉強についてご相談したいことがあるんですが、いつお時間がありますか。

男：今から授業で、10時に終わるから、その後はどう？

女：そうですか。私は10時半にほかの用事がありますので、今日の夕方はいかがでしょうか。

男：6時から約束があるけど、4時ごろなら大丈夫だよ。

女：4時ですね。

男：あ、明日の昼でもいいよ。

女：すみません。明日は約束があるんです。

男：そう。じゃ、やはり今日にしよう。

女：はい、お願いします。それでは、4時に研究室に伺いますね。

2.

男：お母さん、今駅に着いたけど、何か買うものある？

女：あ、ありがとう。駅の隣の田中スーパーで牛乳、買ってきてくれる？

男：牛乳は2本でいい？

女：えっと、4本お願い。

男：牛乳だけでいい？お父さんのビールとかは買わなくていい？

女：ビールはいいけど、チーズがなくなったわ。

男：分かった。じゃ、買って帰るね。

3.

女：しまった。財布を忘れちゃった。

男：えっ！じゃあ、どうやって買い物するの？

女：武の財布は？

男：お母さんが持っていると思ったから、持ってきてないよ。

女：仕方ない、取りに帰ろう。

男：あまり時間ないから、お父さんに送ってもらおうよ。

女：そうね。今日お父さん暇だし。じゃあ、先にスーパーに行って買いたい物を選んでおこう。

男：その前にお父さんに電話したほうがいいんじゃないかな。

女：そうだね。

4.

男：お待たせして、ごめんね。

女：どうしたの。30分も待ったのよ。また寝坊？

男：違うよ。今日はちゃんと起きたよ。寒いから、バスはやめて車にしたんだ。

女：それなのに？道が混んでたの？

男：それが、エンジンがなかなかからなかったんだよ。それで、車をやめて、慌ててタクシーを呼んで駅まで行ったんだ。

女：じゃ、9時半の電車には間に合わなかったね。

男：5分ぐらい早ければ間に合ったのに。仕方なく次の電車に乗って来たので……。ごめんね。

女：じゃ、仕方ないわ。

5.

女：どうしよう。誕生日にお母さんにもらった腕時計を壊しちゃったよ。

男：どうやって壊したの？

女：つけているのを忘れて、そのままお風呂に入っちゃったの。

男：それはよくないね。乾かしても、もう無理かな。

女：たぶん無理だと思う。完全に水が中まで入ってしまっているから。

男：じゃあ、お母さんに正直に言って謝るしかないだろう。

女：怒られそうだけど、仕方がないわ。

男：残念だね。

ステップ3とステップ4

一、

1. 兄を困らせようとして、とても難しい質問をした。

2. 明日、忘年会が行われます。皆様のご参加をお待ちしております。

3. 試験が終わり、冬休みが始まった。

4. 母は客間を私の勉強部屋にしてくれた。

5. 財布を持たずに、家を出てしまった。

6. 食べ物が腐ると、臭いにおいがしてきます。

二、

　みなさん、こんにちは。今日はみなさんに、とてもいい本を紹介したいと思います。これは漫画ですが、大人のために書かれたものです。ほら、見てください。内容は経済についてなんです。勉強のための漫画です。日本の漫画の特徴は種類が多いことです。子供の漫画、大人の漫画、また楽しむ漫画、勉強のための漫画などがあります。もちろん、勉強は漫画だけではだめです。でも、漫画で書いてあると、難しい内容でもよく分かります。それが漫画のいいところでしょう。今、こういう勉強のための漫画がよく売れているそうです。

三、

1.2

女：課長、ちょっとよろしいでしょうか。

男：ええ、劉さん、どうしましたか。

女：明日の午後、早めに帰らせてもらえないでしょうか。

男：何か用事でもあるんですか。

女：インドネシア（印度尼西亜）から友達が来るので、空港まで迎えに行きたいんですが。

男：そうですか。いいですよ。その友達は旅行に来るんですか。

女：いいえ、お母さんがひどい病気にかかっているので、日本の病院で診てもらうために来るんです。

男：そうですか。それは大変ですね。どうやって迎えに行きますか。

女：そうですね。電車のほうが速いとは思いますが、荷物があるので、車で行こうと思っています。

男：気をつけて行ってきてくださいね。

女：ありがとうございます。

3.4

男：あのう、すみません。ゴミの捨て方についてちょっと聞きたいんですが。

女：はい、いいですよ。

男：缶と新聞紙は何曜日に出せばいいんですか。

女：缶は月曜日と金曜日で、新聞紙は木曜日です。

男：そうですか。それから、缶はどんな袋に入れればいいんですか。

女：缶は、中身の見える袋に入れて捨ててください。それから、缶やペットボトルなどは、なるべく洗って
　　から出してください。

男：はい。

女：できるだけ朝8時までに出した方がいいですよ。

男：分かりました。今日は水曜日ですから、明日は新聞紙の日ですね。

女：ええ、そうですよ。

男：ありがとうございます。

5.6

　　今年のお正月の休みに、家族と日本へ行きました。まず、東京でおいしいものを食べたり、江戸東京博
物館へ行ったりしました。それから、新幹線に乗って大阪へ行きました。大阪も東京と同じぐらいにぎや
かで、食べ物もおいしかったです。どこに行っても観光客が多かったです。一番印象に残ったのは大阪のユ
ニバーサルスタジオジャパンです。とても刺激的でした。それから、奈良に行って、奈良公園で鹿を見ま
した。かわいかったです。神戸にも行きたかったですが、時間が短くて行けませんでした。少し残念でした
が、いい思い出になりました。

第4課　人間と動物

ステップ1とステップ2

一、

1. お年寄りに優しく接するのは教養である。

2. 天気予報によると、今日の夕方から明日のお昼にかけてスモッグの恐れがあります。

3. 専門家たちは船が沈んだ原因を調べています。

4. トキは東アジアに広く分布しており、珍しくない鳥であった。

5. ご注文のお弁当をお届けします。

6. 大雨によりがけが崩れました。

二、

　　あなたは名刺を交換したことがありますか。日本では、初めて会った人とよく名刺を交換します。名刺に書いてある日本人の名前は難しくて、読みにくいと思う人が多いです。相手の名刺を受け取った時は、その名前の読み方を確認したほうがいいでしょう。確認しないで、読み間違えたら失礼だからです。最近は自分の名前に振り仮名をつけておく人が増えているようです。これだと、間違えたりする人が少なくなるでしょう。

三、

1.

女：自転車、買ったの？

男：うん、昨日父と一緒に買ってきたんだ。

女：いくらしたの？

男：もともとは10000円だったけど、昨日は3000円安くなったんだ。

女：えっ、安かったね。私も、先月新しく買ったんだけど、9000円だったよ。

男：そうか。それはちょっと高かったね。

2.

男：将来の夢は何ですか。

女：教えることが好きなので、教師になれたらいいなと思っていますが。

男：へえ、そうですか。私は小さいころ、漫画を読むことが好きで、将来漫画家になりたいと思っていました。

女：今もそう思っていますか。

男：いいえ、高校に入ってからは医者になりたいと思うようになりました。

女：そうですか。医者は給料も高いし、かっこいいと思いますよ。

男：難しいけど、頑張ってみたいと思います。

3.

女：この花、おもしろいね。昨日は赤で、今日は黄色になったんだ。

男：ええ、その花は天気によって色が変わるのよ。晴れている日は赤、雨の日は黄色になってるの。もし、気温が下がって寒くなると茶色になっちゃうのよ。

女：へえ、おもしろい。自然は本当に不思議だね。これからはだんだん気温が下がるから、また茶色に変わるのか。

4.

女：あ、その写真、去年山登りに行った時の写真ですか。

男：そうです。

女：山の上から見える景色、すばらしいですね。

男：そうですね。山の頂上に着くまで3時間もかかったんですよ。

女：へえ、それは疲れたでしょう。

男：はい、でも、友達と一緒だったから楽しかったですよ。それに、山の上に喫茶店があって、景色を見な
　　がら、コーヒーを飲むのは何よりすばらしかったですよ。

女：そうでしたか。私も一度行ってみたいです。

5.

女：佐藤さんは「五月病」という言葉を聞いたことがありますか。

男：「五月病」？それは何の病気ですか。

女：「五月病」というのは、五月になると何もしたくなくなって、勉強や仕事に集中できなくなってしまう
　　病気です。

男：へえ、初めて聞きました。

女：特に大学一年生がよく五月病になるそうですよ。

男：どうしてですか。

女：それは「五月病」がストレスと関係があるからです。新入生は四月に入学したばかりです。それで、新
　　しい生活や環境に慣れようとして頑張りますね。それがストレスになるんです。四月は大丈夫でも、一
　　か月ぐらい経ったら疲れが出てしまうんです。

男：なるほど。それでは、五月病にならないようにするにはどうすればいいですか。

女：スポーツや読書など、自分に合った方法でリラックスして、ストレスをためないようにすることが大事
　　です。

ステップ3とステップ4

一、

1. 私にとって、ペットの世話は楽しいことです。

2. 室内での喫煙はご遠慮ください。

3. 田中さんは選挙で私の味方をしてくれた。

4. この服は値段も安ければデザインもいい。

5. もう高校生だから、これぐらいの常識はあるはずだ。

6. 料理をする代わりに、部屋の掃除をした。

二、

　私の町は、ゴミの出し方にとても厳しいです。いつも決まった場所と時間に出さなければなりません。ゴミを集める車はいつも朝8時ごろ来るので、それより早く出さなければなりません。紙などの燃えるゴミと食べ物のゴミは毎週月曜日と木曜日に出します。プラスチックのゴミは毎週の水曜日に出します。ゴミは中が見える袋に入れて出さなければなりません。新聞や瓶などリサイクルできるゴミは2週間に1度、火曜日に出します。とても面倒ですが、守らなければなりません。

三、

1. 2.

女：ねえ、武の卒業式だけど、3月17日、金曜日なんだよ。

男：3月11日？

女：違う、17日なんだ。その日、私は重要な会議があるので、休めないのよ。お父さん行ってくれない？

男：ぼくも行きたいんだけど、その時は会社が忙しいから、無理かもしれないよ。

女：困ったなあ。

男：ぼくも高校の卒業式には親は来なかったんだ。武に話してみようか。

女：ひどい！今まで、武の卒業式に一回も行ったことがないでしょう？

男：それはそうだけどなあ。分かった。今度は僕が会社を休んで行くよ。

女：頼むね。

3.4.

男：木村さん、悪いけど、明日の会議の資料、コピーしておいてくれる？

女：はい。

男：あ、ごめん！その前に、まず会議室を予約しておいて。3時からだよ。

女：はい、今すぐ明日3時からの会議室を予約しますね。

男：あと、明日の会議で、通訳をお願いしたいんだけど。

女：部長、私、明日は山田課長と大阪へ出張に行くんですが……。

男：ええっ、そうだっけ？困ったなあ。誰かほかに中国語ができる人、探さなければ……。

女：部長、高橋さんはどうですか。大学の時、中国へ交換留学したことがあるそうですよ。

男：そうか。知らなかった。それじゃ、高橋さんに頼もう。

女：じゃあ、今日中に私が頼んでおきますよ。

5.6.

男：何にする？僕はコーヒー。

女：私は紅茶にする。

男：あ、そうだ。この間1000円分のチケットをもらったんだ。ほら、これ、1000円まではお金を払わなくてもいいのよ。これを使おう。

女：本当？じゃ、私、ケーキを頼んでもいい？

男：いいよ。このケーキ、おいしそうだな。これ、どう？

女：いいけど、それだと1000円以上になっちゃうね。

男：いいよ。200円ぐらいだろう？ぼくが払うよ。

女：ありがとう。

▌第一単元总结

一、

1.

男：先輩、どうしたらもっと良い作文が書けるのか教えてください。

女：作文ですね。私は本をたくさん読むことが大事だと思いますよ。

男：ぼくは結構、本を読んでいます。日記もつけています。それでも、なかなかいい作文が書けなくて困っ

ています。

女：それなら、書く前にまず自分の考えをマインドマップにしたらどうですか。

男：マインドマップって何ですか。

女：それは頭の中で考えたことを図や表で表す方法です。紙の真ん中にテーマを書いて、そこから思い出す
　　言葉を全部書いて、目に見える形で情報を整理します。そうすると、自分は何を言いたいのかが分かり
　　ます。作文も書きやすくなります。

男：そうですか。じゃ、試してみます。

2.

女：旅行から帰ってきたの？どうだった？

男：ええ、景色はよかったけど、天気が急に変わって大変だった。

女：急に変わってって？

男：ふだんの気温は０度ぐらいだけど、急にマイナス10度に下がったんだよ。

女：天気予報を見なかったの？

男：うん、行く前に見ればよかったんだけど、すっかり忘れてしまったんだ。
　　幸い、その次の日はマイナス5度まで上がった。そのおかげで、楽しく遊ぶことができた。

女：それはよかったね。

3.

女：山田さん、土日にお子さんたちに何をさせますか。

男：特にありません。子供たちが自分の好きなことをやっていますよ。

女：そうですか。私の場合、子供にジョギングをさせていますが、嫌がっているのです。

男：そうですか。好きなことをさせたらどうですか。

女：好きなことをさせるより、やはり運動や家事などをさせたいです。

男：親が子供に何かをさせる前に、子供と相談する必要がありますね。

4.

男：李さんは会社を辞めたんだって？

女：そうよ。

男：どうしてやめたの？給料が安いから？

女：そうじゃないみたい。

男：課長になったばかりなのに。仕事が忙しすぎるから？

女：違うのよ。小さい時の夢を実現させたいんだって。

男：へえ、何の夢？

女：料理人になりたいって聞いたんだよ。

5.

女：先日、買ったばかりのおもちゃが壊れたのよ。

男：えっ、ほんとう？

女：ほら、このボタンを押しても動かないんだよ。

男：長く押したら？

女：長く押しても動かないんだ。

男：説明書を見せて。あっ、動かない時には、おもちゃの手を動かすんだね。そして、音が出ない時、おもちゃの足を動かすんだよ。

女：そうなの。ちょっとやってみよう。あっ、動いた。よかった。

6.

男：あの人は李さんじゃない？

女：いいえ、李さんは昨日上海に行ったから、いないはずだよ。

男：ほら、見て、買い物をしているあの人、すごく李さんに似ているんじゃない？

女：ほんとうだ。そう言えば、李さんは双子の兄弟がいるよ。

男：李さんの兄弟かもしれないね。

女：李さんが帰ってきたら、聞いてみよう。

7.

男：もしもし、今、どこ？

女：バスを降りたところ。遅れてごめんね。

男：大丈夫。道は分かってる？

女：バス停からまっすぐに行って、2番目の交差点で左に曲がるのね。

男：そうそう。そうしたら、スーパーが見えるはず。私はスーパーの前で待っている。

女：分かった。ありがとう。

二、

8. 9.

男：最近、勉強を怠けて父を怒らせたんだ。

女：勉強を怠けて何をしたの。

男：ゲームをしたり友達と遊びに行ったりしたんだ。

女：そんなことをする時、どう思っているの？

男：楽しいけど、勉強する時間はなくなるので不安もあるんだ。

女：今の目標は？

男：できれば大学に入りたいけど。

女：じゃ、この目標を忘れずに頑張って。

男：はい、分かった。

10. 11.

男：今はテレビだけでなく、インターネットでも動画（どうが）が見られるんですね。

女：ええ、昔より多くの情報が得られるようになりました。

男：多くのことを知るために、インターネットはありがたいですね。

女：ありがたさがある一方で、私たちもインターネットから離れられなくなりますね。

男：ええ、どんなことでもいい面と悪い面がありますね。

女：インターネットに関して、私たちはどうすればいいですか。

男：自分を管理することが大事だと思います。

12. 13.

女：田中さん、東京では3月の末、桜が咲きますが、沖縄では何月ごろ咲きますか。

男：2月ごろですよ。

女：2月ですか。中国ではちょうど冬休みなので、ぜひその時に行きたいと思います。

男：お花見のほかにいろいろな伝統工芸_{こうげい}を体験することもできますよ。

女：沖縄は2月だと寒いですか。

男：風は冷たいですが、最低気温が10度を切ることは少ないです。だから、体を動かしやすい時期ですよ。

女：分かりました。ありがとうございます。

14. 15.

男：田中さん、日本語の勉強方法を教えてくださいませんか。

女：李さんは、今どんな方法を取っていますか。

男：ぼくは単語を覚えたりテキストを暗唱_{あんしょう}したりしています。

女：そうですね。外国語の勉強は理解することも必要ならば、覚えることも大切ですね。

男：ほかには何かいい方法がありますか。

女：ほかに積極的に日本語を使うことですね。

男：ぼくは日本人の友達はいないんですが。

女：クラスメートと日本語で話してもいいですよ。

男：そうですか。分かりました。

第5課　祝祭日

ステップ1とステップ2

一、

1. 彼は子供を救うために川に飛び込んだ。

2. この料理はシンプルながらも奥が深いです。

3. 私は面接の前になると、いつも緊張してしまいます。

4. 夏休みに生け花を習うつもりです。

5. 彼は「苦い、苦い」と言いながらも、コーヒーを2杯も飲みました。

二、

1.

女：夏休みにどこかへ行きますか。

男：スペインに行きます。

女：スペインですか。あそこのトマト祭りは有名ですね。

男：ええ、今回は、そのトマト祭りの写真を撮るために行きます。

女：遊びに行くのではなくて？

男：ええ、今回は、仕事で行くので。

2.

女：成人したら、早く自立したいです。

男：李さんの言う「自立」とはどんな意味ですか。

女：自分のことは自分で決めることです。

男：それは大事なことですね。

女：親にいろいろと言われたくないです。

男：じゃ、経済的には？

女：経済的にはまだ完全な自立はできないですが、できれば、アルバイトをしたいです。

3.

田中先生へ

　　これまで大変お世話になりました。おかげさまで、私は桜大学に合格しました。先生と初めて会ったのは3年前の冬ですね。その時、私は学校の勉強が嫌いで、親との関係も悪かったです。どうしたらいいか分からない時に先生と巡り合いました。先生のおかげで、私は頑張ることができました。先生と出会えなかったら、今の自分はいないと思います。先生のご恩は生涯忘れません。

　　鈴木より

4.

男：ぼくは、最近、不安を感じやすいです。

女：どんな時に不安を感じますか。

男：試験の前です。

女：そうですか。不安を感じた時に体に何か変化がありますか。

男：よく眠れないです。時々、頭も痛いです。

女：そうですか。少し運動をするといいですよ。

男：薬を飲んだほうがいいですか。

女：いいえ、汗をかくことが一番いい薬ですよ。

5.

女：わたしは病気になって初めて健康の大切さを知りました。

男：えっ？どうしたのですか。

女：ひどい風邪を引いてしまったんです。それで、結局、肺炎になって入院したんです。

男：それは大変でしたね。今の体調はどうですか？

女：ええ、今、少しずつ回復しています。

男：それはよかったです。風邪を引いたり熱が出たりすると、油断はできませんね。

三、

　　お盆は故郷で過ごす人が多いです。今日から多くの人が故郷に帰ります。航空会社によりますと、一番込むのは明日10日だそうです。また、今年は海外で休みを過ごす人も多く、今日と明日の二日間でおよそ12万

人が日本を出て外国に行くそうです。去年より20％増えるそうです。

ステップ3とステップ4

一、

1. 商売は正直にしなければならない。

2. 諦めずにやりたいことをやり切った。

3. 一年間ジョギングし続けたおかげで、痩せました。

4. テーブルの上に食べ物を順序通りに並べる。

5. 山下先生、明日の会議に出席されますか。

二、

1.

女：田中先生、お久しぶりです。

男：ああ、佐藤さん、お久しぶりです。

女：うちの子は本当にお世話になりました。

男：いいえ、とんでもないです。今、新しい中学校で元気にやっていますか。

女：ええ、おかげさまで毎日とても元気です。

男：それはよかったですね。

2.

女：社長はたばこを吸われますか。

男：ええ、うちの社長はたばこが大好きなので、よく吸われますよ。

女：私もそう思いましたが、でも、今、社長室に「禁煙」と書いてあります。

男：そうですか。もしかして、これからたばこをやめられるかもしれませんね。先日、社長は病院に行かれ
　　ました。

女：そうなんですか。健康のためにたばこをやめたほうがいいですね。

3.

男：いらっしゃいませ。

女：あの、あそこにある黒い靴をはいてみてもいいですか。

男：ああ、この先が丸い形のものですね。

女：いえ、そっちではなくて、先が細くなっているほうを。

男：どうぞ。いかがですか。

女：うーん、丸いほうも試してもいいですか。

男：はい、どうぞ。もしよろしければ、こちらの白いのもお似合いかと思いますが、いかがですか。

女：ああ、素敵ですね。これにします。

男：白いほうですね。

4.

男：旅行先で財布を盗まれてしまい、困り果ててしまいました。

女：そうなんですか。それは大変でしたね。結局、どうしたのですか。

男：仕方がなくて警察署に行きました。

女：警察に助けてもらうしかありませんね。

男：なんと、そこで小学校の時の友達に会ったんですよ。

女：すごいですね。お友達も用事で行ったのですか。

男：その友達がなんと警察官になったんです。会った時、びっくりしました。

5.

女：工事はいつ終わりますか。

男：予定としては今年12月に終わりますが、今のままだと無理かもしれません。

女：じゃ、1か月延期することになりますか。

男：計画どおりにうまく進んでいないので、もっと時間がかかるかもしれません。

女：できるだけ早くしてください。

男：さらに1か月あれば大丈夫だと思います。

三、

　皆さん、おはようございます。私は今チーズを売るお店に来ています。こちらのお店には、世界中から集められたチーズが約100種類も置いてあるんです。この店はチーズを売るだけでなく、チーズを使った料理も紹介してくれるので、大変人気のお店なんです。店長がチーズを使ったお菓子を運んできてくださいました。とてもいいにおいですね。私も1ついただいてみます。うん、これはおいしいです！皆さんもぜひいらっしゃってください。

第6課　気候と日常生活

ステップ1とステップ2

一、

1. 少子化が進み、核家族の割合が大きくなる見込みです。

2. 旅行の料金はコースごとに違います。

3. 日本語を直していただき、大変助かりました。

4. 体調が悪いので、授業を休ませていただきたいです。

5. 関東は昨日より大幅に上がって、東京は昨日より7℃高い、11℃の予想です。

二、

1.

女：李さんはいつ高校を卒業しますか。

男：来年の7月です。田中さんは？

女：私は来年の3月です。

男：へえ、ぼくより4か月早いですね。

女：そうです。日本では新学年は4月からです。

男：中国と違いますね。中国では新学年は9月からです。

2.

女：明日の天気はどうですか。

男：天気予報によると、明日晴れる見込みです。

女：晴れるといいですね。最近は毎日雨で本当に大変でした。

男：晴れるけど、気温が急に上がるそうです。

女：それはいいけど、早く止んでくれるとありがたいです。

3.

女：最近寒くなりましたね。

男：そうですね。一雨降るごとに寒くなってきたような感じですね。

女：去年のこの時期と比べると、気温が結構低いですね。去年はこの時期、まだTシャツを着ていましたよね。

男：そうですね。今、上着が必要ですね。

4.

男：これは中国のカレンダーです。

女：ええ、面白いですね。漢字がたくさん書いてありますね。

男：これは二十四節気ですよ。例えば、「立春」は春が始まるという意味です。

女：じゃ、「立夏」は夏が始まる、「立秋」は秋が始まる、「立冬」は冬が始まるという意味ですか。

男：そうなんです。エリスさんは本当に頭がいいですね。

女：二十四節気は分かりやすくて本当にいいですね。

5.

女：集団生活にはルールが必要です。

男：例えば、どんなルールが必要ですか。

女：時間を守るとか、礼儀正しく行動するとかが大事だと思います。

男：そうですね。でも、ぼくは一番大事なのは相手を思う気持ちだと思います。その気持ちさえあれば、自然にみんなと仲良くできます。

女：そうですね。ルールを守らなければならないのではなく、守りたいということですね。

三、

　　最近、暑さで倒れた人がとても多いです。7月20日から26日までの1週間で3000人となります。これは前の週と比べると1.2倍、前の年の同じ時期と比べると、2倍です。年齢を見ると、3000人の中で、65歳以上の人は1800人で、全体の60%を占めています。また倒れた場所の中では「家」が最も多く、全体の80%を占めています。

一、

1. 社長は9月8日に中国からお帰りになります。

2. 彼はマラソンが得意なほかに、水泳も得意です。

3. 鍵が見つかりません。もしかしたら車の中に忘れたかもしれません。

4. 工事中なので、指示に従って道路の端を歩いてください。

5. 寝ることこそ、ストレスを解消する一番いい方法だ。

二、

1.

女：部長、来週の日曜日に桜会社の山田社長が朝、10時にいらっしゃいます。

男：朝10時ですか。11時から娘の卒業式ですよ。困ったなあ。

女：では、山田社長に時間を変えていただきましょうか。

男：なかなか会う機会がないので、娘には悪いけど、予定通りにしましょう。

女：お娘さんの卒業式にご出席にならないですか。

男：仕方がないですね。

2.

男：李先生は1997年に北京大学をご卒業になったのですか。

女：いいえ、1998年に卒業しました。

男：ああ、その時、私はまだ小学生でした。

女：ジャックさんは何年に大学に入られたのですか。

男：私は2005年に大学に入学しました。

女：そうですか、その時、私は日本で留学していました。

3.

男：この商品を作るのにどんな材料が必要ですか。

女：昔はゴムがたくさん必要でした。今はゴムではなく、プラスチックが必要なんです。

男：プラスチックですか。環境にあまり優しくないですね。

女：そうなんですよ。ずっとほかの物に変えたいと思っているんです。

男：古い新聞紙はいかがですか。私は一つアイデアがあります。

女：ありがたいです。では、試してみましょう。

4.

女：今、大きく揺れました。どうしますか。

男：もしかしたら震度4ぐらいかもしれません。もう少し様子を見ましょう。

女：テレビをつけましょう。

男：あっ、警報が鳴っています。

女：早く避難しましょう。

男：今揺れているから、外に出るのは危ないですよ。

女：じゃ、もう少し待ちましょう。

5.

女：ひどい風邪にかかって、治るのに2週間もかかりました。

男：大変でしたね。疲れたのでしょうか。

女：いいえ、先月、仕事は全然忙しくなかったんですよ。でも、倒れたのは私だけではなかったんです。

男：えっ？ご家族も？

女：いいえ、会社の人が何人か先にかかって、うつったのです。

男：そうですか。しっかり体を守って、予防することが大切ですね。

三、

女：日本では5月5日は子供の日です。

男：えっ、3月3日も子供の日ではないんですか。

女：いいえ、3月3日はひな祭りと言います。昔からの習慣に従って、その日に女の子の健康を祈るために、ひな人形を飾ったり、菱餅を食べたりします。

男：なるほど、では5月5日には何をするんですか。

女：男の子の健康を祈るために、鯉のぼりを飾ります。ほかには、柏餅を食べたり、菖蒲湯につかったりします。

男：へえ、面白いですね。

女：女の子でも、男の子でも、親が子供を思う気持ちは今も昔も変わっていませんね。

第7課　長寿企業の秘訣

ステップ1とステップ2

一、

1. 若いうちにいろいろと経験を積みたいです。

2. 先生が私たちに「マイナスのことも見方を変えればプラスのことになる」とおっしゃいました。

3. 最初はうまくなくてもいいです。誰でも初めは初心者ですから。

4. 日本での留学中に、佐藤先生のお宅に伺いました。

5. 彼は感情的になったので、常識から外れたことを言ってしまったわけだ。

二、

1.

女：山田公園の桜がもう咲いたよ。お花見に行こうよ。

男：行きたいけど、この2、3日すごく忙しくて、工場を回らないといけないんだ。

女：残念だわ。

男：奈美さんを誘ったら。

女：奈美さんはこの一週間、東京にいないの。

男：分かった。桜が散らないうちに、必ず行くからちょっと待ってくれない？

女：いいけど。

2.

女：田中さん、中村先生の連絡先はご存じですか。

男：1組を担当なさる中村先生のことですか。

女：いいえ、2組を担当なさる中村先生ですよ。

男：2組の中村先生ですか。すみません。私もその先生の連絡先は存じていませんが。

女：そうなんですか。どうしたらいいでしょう。

男：あっ、2人の中村先生は兄弟なんですよ。1組の中村先生に伺ってみるのもいいかもしれません。

女：そうなんですか。アドバイスどうもありがとうございます。

3.

女：李先生、王先生が入院されたそうですよ。

男：そうなんですか。いつ入院されたのですか。

女：一昨日、仕事で倒れて、緊急入院されたそうです。

男：今、体調はどうですか。王先生は普段、仕事で忙しかったんですね。

女：幸い、大事にならなかったそうです。あっ、明日の午後、私と田中先生が病院へ王先生をお見舞いに行く予定ですが、李先生も行きませんか。

男：明日の午後ですか。実は、日本語の授業がありますが。

女：そうですか。時間が合わないなら、無理しなくてもいいですよ。

男：本当にすみません。王先生にお大事にとお伝えください。お願いします。

4.

男：佐藤太郎と申します。日本の大阪から参りました。

女：佐藤さんは留学生ですか。

男：いいえ、勤めております。

女：今回は仕事で中国へいらっしゃったのですか。

男：はい、出張で参りました。いろいろ見学させていただき、中国の発展の速さにびっくりしました。

女：そうなんですか。機会があったら、ぜひまた旅行でいらっしゃってください。きっと楽しいと思います。

5.

男：来月から、店を開く時間が30分早くなるって。

女：じゃ、今10時ですから、9時半になるというわけですね。結構早いですね。

男：そうでもないよ。ほかの店はみな9時に開店するから、うちは遅いほうだよ。

女：そうですか。じゃ、店を閉める時間は？

男：それは聞いてないなあ。多分、変わらないと思う。

女：ああ、来月から朝寝坊は無理なわけですね。

男：早寝早起きはいいじゃない。

三、

　田中さんは東京の中心から電車で2時間ほどの町に引っ越しました。しかし、会社は東京の中心部にあります。毎日の通勤はとても大変です。田中さんがこの町に決めた理由は、家の値段が安く、緑が多く、子育てに環境がいいということです。ところが、子供たちは田舎が不便で嫌だと毎日文句ばかり言って、田中さんを困らせています。いまさら後悔しても間に合わないので、今日も我慢して満員電車に乗っています。

ステップ3とステップ4

一、

1. この服に似合うように髪を短くしました。

2. 高校生の私は走るのが遅くて、小学生にまで追い抜かれる。

3. この設備を使う時には、安全に気を付けないといけません。

4. みんなに負担をかけることなので、とても頼みづらい。

5. 失敗しても、人生が終わるわけではない。

二、

1.

男：すみません。この本を探しているんですが……。

女：ええと、『日本語問題集』ですね。ただいま、お調べいたします。

男：お願いします。

女：お待たせしました。こちらの本はまだ届いていないようです。早くて明日の夜になるかと思います。

男：明日は土曜日ですね。来られるけど、まだ届いていなかったら嫌だな。

女：明後日以降なら、確実にご用意できると思いますが。

男：分かりました。

女：あと、月曜日は休みになっておりますので、お気をつけください。

男：はい、ではまた来ます。

2.

女：古い家を買いたいんですが、選び方について教えてくださいませんか。

男：そうですね、古いのは安いのですが、設備の問題や距離のことなどを考えないといけないですね。

女：そうですね。

男：最近、駅から歩いて10分以内の場所はとても高いんですが、10分以上の場所だと、結構安くなりますよ。

女：そうですか。それは全然知りませんでした。

3.

女：鈴木先生、この前引っ越しまで手伝ってくださって、本当にありがとうございました。

男：李さん、遠慮しないでください。その後は大丈夫でしたか。

女：ええ、友達も来てくれたので、部屋の片づけはすぐ終わりました。

男：それはよかったですね。

女：周りの環境についてまだよく分からないので、この二、三日周りをぶらぶらしたいと思います。

男：そうですね。歩いてみると、周りの環境についてすぐ分かりますよ。

4.

女：会議の時間は決まりましたか。

男：みんなの予定がばらばらでなかなか時間が合わないんですよ。

女：そうですか。あまり時間がないので、早く決めたほうがいいですよ。

男：そうですね。早く会議を開いたほうがいいなら、夜でないといけないですね。

女：それでも大丈夫だと思います。朝や午後はみんなそれぞれ仕事がありますからね。

男：分かりました。

5.

女：この町は物の値段が安いですね。

男：ええ、食事も物もみんな安いですよ。町全体が日本で一番住みやすい街を目指しているんですよ。

女：なるほど。道理で何でも安くて気持ちよく利用することができるわけですね。

男：ほかの町には高い物はいっぱいあるんですが、必ずしも質がよいというわけではないですね。

女：そうですね。暮らしやすい町がいいですね。私もここに引越ししたいわ。

三、

木下玲子先生

お久しぶりです。

暑くなってきましたが、お元気でしょうか。

音楽サークルで以前お世話になった劉佳です。今日はお願いしたいことがあって、メールしました。

私は日本へ留学に行きたいと思います。音楽に興味を持っており、それを勉強したいと思います。音楽の場合、大学に入ったほうがいいか、それとも専門学校に入ったほうがいいか、先生のご意見をお伺いしたいと思います。

それで、もしよろしければ、留学先について、お話を詳しく聞かせていただけないでしょうか。

お忙しいところ、申し訳ありませんが、先生のご都合を教えていただけるとありがたく思います。

どうぞよろしくお願いいたします。

第一高校

劉佳

第8課　仕事への態度

ステップ1とステップ2

一、

1.（警察が泥棒を追いかけながら大きな声で）逃げるな。

2. たばこの火から火事になりました。

3. 長い冬が終わり、やっと春らしくなってきた。

4. この雑誌は科学が好きな人に向けて作られています。

5. 環境を守るには、使い捨ての生活習慣をやめる必要があります。

二、

1.2.

女：もしもし、うちの台所の蛇口（じゃぐち）から水が漏れているのよ。

男：ひどいの？

女：ひどくはないけど、止まらないの。

男：お風呂の蛇口は大丈夫？

女：今のところ大丈夫。さっき、修理会社に電話したけど。

男：修理の人はいつ来るって？

女：9時に電話したら、2時間後に来るって言ってたから、後5分で来ると思う。

男：分かった。何かあったら、また電話してね。

3.4.

男：友達が古い家を買って、レストランを開いたんですよ。

女：そうですか。うまくやっていますか。

男：ええ、町の中心から離れていますが、とても人気なんですよ。

女：そうですか。実は、私はパン屋か花屋をやりたいと思っているんですよ。

男：パン屋ですか。もしよかったら、一緒にやりませんか。

女：田中さんはパンを作ることができるんですか。

男：もちろん、うちのおばあさんはパン屋さんですよ。

女：いいですね。ぜひ一緒に夢を実現させましょう。

5.6.

男：この仕事、いくらやっても終わりが見えないなあ。

女：えっ、そんなに忙しいの。

男：この1か月、まだ1日も休んでいないんだ。

女：大変なのね。

男：最初はよかったんだけど、だんだん忙しくなってきて。いままで家族のために続けてきたんだ。でも、
　　もう我慢できないと思うんだよ。

女：じゃ、辞めるの？

男：実は社長が病気で入院しちゃったんだ。だから、社長が回復したら辞めようと思ってるよ。

三、

　最近、私の友人の中には、結婚してから何ヶ月か後に結婚式を挙げた夫婦がいます。その理由は2人で一緒に結婚式の準備をしたいと思っているからだそうです。結婚式には決めなければいけないことがたくさんあります。式をどこでするか、誰を呼ぶか、何を食べるか、どんな花を飾るかなどです。こうした事柄（ことがら）を、結婚してから、2人でゆっくり考えたいと思っているのです。私は、そのやり方には反対しませんが、自分はそ

うしたくないと思います。私なら、結婚の手続きをした日に、一番仲の良い友人と家族だけを呼んでおいしいものを食べておしゃべりをする、そんな小さくて穏やかな結婚式がいいと考えています。

ステップ3とステップ4

一、

1. この事実さえ認めれば、この問題は解決できる。

2. 15は3で割り切れる。

3. この店が無くなるのは惜しいから、閉じないでほしいです。

4. 2時間かけてやっと数学の宿題をやり終わりました。

5. 最近の天気は曇りがちです。

二、

1. 2.

男：和食が無形文化遺産に登録されたことは知っていますか。

女：初めてそのことを聞きました。和食は味がおいしくて、見た目もきれいで、大好きですよ。

男：そうですね。日本は海や山の幸に恵まれています。そのおかげで、日本人の食生活も豊富ですよ。

女：食生活は、自然環境と深い関係がありますね。

男：また、和食は塩分や油が少ないのが特徴ですね。

女：そうですね。魚料理をよく食べるのも日本人が健康である理由の一つですね。

男：そうですね。ああ、おなかが空いてきた。

女：何かおいしい和食を食べに行きませんか。

男：いいですよ。

3. 4.

男：さあ、会場の準備を始めましょう。李さん、2階の部屋から椅子を運んでもらえませんか。

女：いいですよ。いくつ運んだらいいですか。

男：昨日、山下さんが15個運んでくれました。今日は、20人来るので、あと5個足りないなあ。

女：はい、5個ですね。運んできたら、並べましょうか。

男：今、並べなくてもいいです。それより、資料を配ってほしいです。全部2種類の資料があるので、1人1部ずつ配ってください。

女：分かりました。

男：あっ、活動が終わったら、椅子をもとの部屋に戻してください。全部ね。

女：分かりました。

5. 6.

男：友達の話によると、彼の会社では電気製品の売り上げを高めるために、今ネットで安く売っているんですよ。

女：そうですか。ちょうどパソコンを買い替えたいんですが。

男：ちょっと調べてみましょう。これはどうですか。元の値段は15万8000円ですが、今、11万5000円ですよ。

女：いいですね。ピンクがいいです。

男：でも、ピンクは売り切れています。残りは、白と黒と青です。

女：じゃ、白にしましょう。田中さんは何か買いませんか。

男：僕はスマートフォンを買い替えたいんです。

女：これはどう？13万3000円ですけど、今3割引きです。なかなかないチャンスですよ。

男：たとえ30％安くなっても、ぼくにとって高すぎるんですよ。ぼくの予算は5万円前後ですよ。

三、

　　スーパーでは数時間ごとに弁当などを捨てなければならないんです。5分前までは500円で売っていたお弁当を、消費期限が近いという理由で、5分後には捨ててしまいます。期限を過ぎても突然食べ物が腐るわけではないし、捨てるのは本当にもったいないと思います。弁当だけでなく、クリスマス当日にケーキがよく売れますが、消費期限が近くなるとたくさんのケーキを捨てなければならないのです。実際、スーパーで前日に買った食べ物を次の日に食べるということも多いと思います。だから、世界中にはまだ食べ物がなくて死んでしまう人がたくさんいることを考えると、日本のスーパーのやり方は本当にいいのかと疑問に思います。

▌第二単元总结

一、

1.

男：最近の天気は曇りがちですね。

女：ええ、午後から雨だそうです。

男：うーん、ハイキングの時間はなかなか決められないね。

女：来週から晴れるそうですよ。

男：でも、来週は出張です。再来週にしましょう。

女：いいですよ。とにかく来週以降はもう雨は降らないらしいから。

2.

女：山田さん、最近、あまり元気なさそうね。

男：すみません。資格試験の準備で徹夜して勉強してるんです。

女：その試験はいつなの？

男：来週の日曜日です。

女：じゃ、まず試験に集中して、午後の会議は中村さんに代わって出席してもらいなさい。

男：本当にありがとうございます。

3.

男：この2匹の虫は似ていて、区別し切れません。

女：確かにとても似ていますね。あっ、でも違いがありますよ。左側の虫の羽根は緑色ですけど、右側の虫

の羽根はやや青色ですよ。

男：あっ、本当だ。言われないと気づかないですね。じゃ、足の本数も数えてみましょう。

女：ええと、左側の虫は8本の足で、右側の虫も8本です。

男：同じですね。

4.

男：この町は駅前にいくつかの売店があるほかには、お店は一つもないですね。

女：確かにお店はあまりないですね。

男：生活する上で、困っていないんですか。

女：いいえ、みんなネットで買い物をしていますよ。

男：主にネットショッピングですか。

女：ええ、野菜や生活用品など、頼んだものはだいたい10分以内で届けてくれるんです。

男：それは便利ですね。

女：町自体は大きくないので、どこに行くのも楽ですよ。

5.

男：李さん、中国の餃子は熱いうちに食べたほうがいいですか。

女：私は熱いうちに食べるのが好きです。でも、妹は少し冷めてから食べるのが好きです。

男：そうですか。人によって違いますね。

女：佐藤さんはどれが好きですか。

男：どちらかと言えば、私は少し冷めてから食べるのが好みです。あまり熱いのは食べられません。

女：そうですか。餃子をお皿に入れたあと、しばらく経つと固まって食べにくいので、やはり早いうちに食べたほうがいいと思います。

男：そうですか。分かりました。気を付けます。

二、

6.7.8.

女：高橋さん、大晦日の年越しの夜に、日本人は何を食べますか。

男：年越しそばを食べます。

女：へえ、その風習は、いつから始まったのですか。

男：江戸時代に始まりました。

女：なぜその風習が生まれたんですか。

男：そばは細くて長いですね。長いそばに、長寿の願いを込めてこの風習が生まれたそうですよ。

女：なるほど。

男：また、昔、金や銀のものを作る職人がそばの団子で飛び散った金の粉末を集めたと言われています。このことから、「そばは金を集める」という意味もあったそうです。

女：へえ、面白いですね。勉強になりました。

9.10.11.

男：田中先生、重陽節はどんな日ですか。

女：ああ、ジャックさん、重陽節は九月九日で、中国の伝統的な祝日です。

男：昔は、その日に何をしましたか。

女：高いところに登り、菊のお酒を飲んだりする習慣がありました。

男：どうしてその習慣がありますか。

女：昔の中国人は菊のお酒を飲むと、災いを避けることができると考えていました。
　　昔から中国では菊は長寿を意味しています。

男：なるほど。

女：そして、重陽の日に菊のお酒を飲む習慣が中国から日本にも伝わりました。

男：そうなんですか。今は人々は重陽の日にどんなことをしますか。

女：お茶やお菓子などを持って山に登ります。

12. 13. 14.

女：趙さん、最近どこかへ行きましたか。

男：鈴木さんの家で5日間ホームステイをしました。

女：鈴木さんの家で何をしましたか。

男：鈴木さんの家族と一緒に祭りを見に行きました。たくさんの人が踊っていました。ぼくは踊ることができ
　　きないので、踊りませんでした。

女：それはちょっと残念ですね。

男：でも、みんなが踊る写真をたくさん撮りました。

女：ほかに何をしましたか。

男：町にはいろいろな屋台がありました。踊ったあと、いっぱい遊びました。鈴木さんはゲームを3回やっ
　　て、おもちゃの車を2台もらいました。そして、ぼくはお祭りのTシャツを2枚買いました。とても楽し
　　かったです。

15. 16. 17.

男：日本で初めてテレビ放送をしたのはいつのことですか。

女：1953年2月1日です。

男：当時、テレビの値段はどれぐらいでしたか。

女：サラリーマン（工薪阶层）の1カ月の給料は1万5000円ぐらいでしたが、テレビは20万円ぐらいでした。

男：そんなに高かったんですか。給料の13倍以上もしましたね。

女：ええ、当時、たくさんの人たちが駅の前やデパートや公園にあるテレビを見ました。テレビを初めて見
　　た人は「このラジオは見ることができる」と言いました。また、テレビの中に人がいると思った人もた
　　くさんいました。

男：70年も過ぎた今はパソコンや携帯でテレビ番組を見たり、お風呂でテレビを見たりすることができますね。

女：当時の人はこれを知ったら、もっと不思議に思うでしょう。

18. 19. 20.

　椅子取りゲームはヨーロッパなどで昔から人気があった遊びです。例えば、6人で遊ぶとき、5つの椅子を
準備します。音楽が鳴っている間、みんなで椅子の周りを歩きます。音楽が止まったら、みんな急いで椅子
に座ります。椅子のない人が負けです。次にまた、椅子を一つ減らします。さきほどと同じ方法でゲームを
します。最後に残った人が勝ちです。